Anselm Grün

Du bist ein Engel für mich

Anselm Grün

Du bist ein Engel für mich

Vier-Türme-Verlag

Bibliographische Information der Deutschen Nationalbibliothek

Die Deutsche Nationalbibliothek verzeichnet diese Publikation in der Deutschen Nationalbibliographie. Detaillierte bibliographische Daten sind im Internet über http://dnb.d-nb.de abrufbar.

1. Auflage 2012
© Vier-Türme GmbH, Verlag, Münsterschwarzach 2012
Alle Rechte vorbehalten

Lektorat: Dr. Kristin Haas-Heichen
Umschlaggestaltung und Umschlagfoto: Andrea Göppel, Bobingen
Druck und Bindung: Friedrich Pustet KG, Regensburg
ISBN 978-3-89680-544-7

www.vier-tuerme-verlag.de

INHALT

Du bist ein Engel
für mich

Wir sagen oft zu einem Menschen: »Du bist ein Engel für mich. Du bist gerade im richtigen Augenblick gekommen. In deiner Nähe fühle ich mich wohl. Du tust mir gut.« Ein Mann sagt zu seiner Frau: »Du bist ein Engel für mich. Durch dich bin ich in Berührung gekommen mit der Liebe, die in mir ist, die ich aber so lange nicht zugelassen habe. Durch dich ist mein Leben reicher geworden.« Die Eltern sagen zu ihrem Kind: »Du bist ein Engel. Du bringst so viel Frische, Leichtigkeit und Lebendigkeit in unser Leben.«

Wenn wir so sprechen, ist das nicht nur symbolisch gemeint. Wir dürfen füreinander zum Engel werden. Engel – so sagt uns die kirchliche Dogmatik – sind geschaffene geistige Wesen und personale Mächte. Als geschaffene geistige Wesen sind sie erfahrbar.

Engel sind immer Boten, die Gott zu uns schickt. Das können Menschen sein, die in einem bestimmten Moment zu uns sprechen oder zu einem bestimmten Zeitpunkt in unserem Leben auftauchen. Das können innere Impulse oder Träume sein, die uns auf etwas aufmerksam machen. Engel können auch einfach Erfahrungen sein, die wir machen und nicht näher beschreiben können.

Wenn wir im letzten Augenblick auf die Bremse treten, wenn das Auto vor uns, ohne zu blinken, nach links ausschert, dann haben wir das Gefühl, dass da ein Schutzengel uns vor dem Unfall bewahrt hat. Er hat uns die schnelle Reaktion eingegeben. Oder eine andere Situation, die mir eine Lehrerin erzählte: Nach der Lehrersitzung ging sie gedankenverloren in ein Klassenzimmer. Dort war zufällig gerade ein Kollege zusammengebrochen. Die Lehrerin wurde für ihren Kollegen zum Engel. Gott hat sie zu ihm gesandt. Sie wusste nicht mehr, warum sie in dieses Zimmer ging. Da dürfen wir vertrauen, dass sie ein Engel dorthin geführt hat. Der Engel hat ihr den Impuls gegeben, jetzt in diesen Raum zu gehen.

Wenn die Dogmatik sagt, Engel seien personale Mächte, so bedeutet das: Sie schützen mein Personsein. Aber sie sind keine Personen, die man vereinzeln könnte. In der Esoterik möchte man genau seinen Engel kennen, ihn mit Namen nennen. Das entspricht nicht der biblischen Tradition. Und es entspricht nicht der Theologie der Engel, wie sie die christliche Tradition entfaltet hat.

Engel sind dazu da, mein Personsein zu schützen und auszuhalten. Auch das soll ein Beispiel erklären. Nach einem Vortrag über Engel kam ein Mädchen im Alter von zehn Jahren auf mich zu. Es fragte mich: »Glauben Sie wirklich, dass der Engel mich nicht verlässt?« Ich antwortete: »Ja, der Engel bleibt immer bei dir.« Sie fragte weiter: »Ja, aber wenn ich böse bin, bleibt der Engel dann trotzdem bei mir?« Ich sagte: »Ja, der Engel bleibt auch bei dir, wenn du böse bist.« »Ja, aber auch, wenn ich immer wieder böse bin?«, fragte das Mädchen weiter. Ich gab zur Antwort: »Der Engel hält dich aus, auch wenn du immer wieder böse bist. Er geht nicht von deiner Seite.« Da ging das Mädchen getröstet weg. Ich dachte noch lange über diese Begegnung nach.

Warum war es für das Mädchen so wichtig, zu wissen, dass der Engel es nicht verlässt? Offensichtlich hatte es andere Botschaften von den Eltern oder Freunden gehört: »Du bist unmöglich. Mit dir hält es keiner aus. Du bist eine Last für uns.« Solche negativen Botschaften hindern das Mädchen daran, ihr Personsein zu entwickeln. Sie führen dazu, dass ihr innerster Personkern auseinanderfällt. Das Vertrauen, dass der Engel es aushält, wenn niemand sonst es bei ihr aushalten kann, ja wenn sie sich selbst nicht mehr aushalten und ertragen kann, war für das Mädchen eine Hilfe, überhaupt Ja zu sich zu sagen und so ihr Personsein zu entfalten. Der Engel, der es aushält, gibt ihrem Personsein Schutz.

Der heilige Augustinus sagte einmal: Wir sollen uns nicht so viel über das Wesen der Engel Gedanken machen. Wir sollen vielmehr ihre Aufgabe bedenken. Engel sind Boten Gottes. Das ist ihre Aufgabe. Diese Boten möchte ich in diesem Buch ansprechen – so, wie sie als Engel in die verschiedenen Stimmungen und Situationen meines Lebens eintreten, um sie zu verwandeln.

Oft genug ist es ein konkreter Mensch, der für mich zum Engel wird. Aber manchmal ist es auch ein Wort, das ich gerade gelesen oder in einer Predigt gehört habe. Oder es ist ein innerer Impuls, der mir gerade kommt. Engel kann auch der verstorbene Vater, die verstorbene Mutter, der verstorbene Freund sein, der mich zu etwas antreibt oder von etwas abhält, der zu mir ein inneres Wort sagt, das auf einmal in mir aufklingt.

Manchmal ist es auch eine Erfahrung von Licht oder eine Erfahrung von Nähe, dass ich da eine Nähe spüre, die mir guttut. Aber immer weiß ich, dass Gott diesen Engel gerade jetzt in diesem Augenblick in meine konkrete Situation gesandt hat.

Wenn ich den Engel in diesem Buch anspreche, dann nehme ich Gott nichts weg. Ich bin mir immer bewusst, dass Gott an mich denkt und mir einen Engel schickt, den ich erfahren und spüren darf.

Ich möchte in den folgenden Meditationen zuerst die jeweilige Situation aufzeigen, in der Gott uns seinen Engel sendet. Und dann möchte ich den Engel selbst ansprechen. Unser Beten geht normalerweise zu Gott oder zu Jesus Christus. Doch wir dürfen auch zu dem beten, den Gott uns als seinen Boten schickt.

Indem wir den Engel mit Du ansprechen, wird Gottes Nähe uns menschlicher und wärmer erscheinen. Wir erfahren in dem Boten, den Gott uns geschickt hat, Gott selbst als den Helfenden und Heilenden. Die Hilfe, die Gott uns im Engel schickt, wird erfahrbar, spürbar. Im Engel berühren wir Gottes Spur, Gottes Saum, Gottes Boten.

So wünsche ich Dir, dass die Worte dieses Buches zum Engel für Dich werden, der Deine Seele mit Liebe und Zärtlichkeit streichelt und sie so öffnet für den Gott der Liebe.

Ich wünsche Dir, dass Du den Engel spürst, den Gott Dir immer wieder schickt, um Dir die Augen zu öffnen für Gottes Hilfe und Schutz, für Gottes Sorge für Dich.

Und ich wünsche Dir, dass der Engel Dich in Berührung bringt mit den vielen Gaben, die Gott in dein Herz gelegt hast, die Du aber oft übersehen und nicht gelebt hast. Der Engel, den Gott Dir schickt, möchte Dein Leben bereichern, befruchten, so dass Du Dich von Gott gesegnet fühlst und selbst zum Segen wirst für andere.

Der Engel des Helfens

Du bist ein Engel in meiner Not

Jeder erfährt seine Not anders. Und jede Zeit erlebt andere Nöte. Früher kämpften die Menschen oftmals in erster Linie um ihr bloßes Überleben. Sie wurden von unheilbaren Krankheiten heimgesucht, Seuchen breiteten sich aus, ohne dass die Menschen etwas dagegen tun konnten. Zudem litt der überwiegende Bevölkerungsanteil unter harten Arbeitsbedingungen: Menschen wurden unterdrückt und ausgebeutet. Kriege, Naturkatastrophen und Missernten taten ihr Übriges dazu, um den Menschen jede Hoffnung auf ein besseres Leben zu rauben.

Auch heute erleben wir immer wieder Notsituationen, die von außen über uns hereinbrechen: Naturkatastrophen wie Überschwemmungen, Brände, verheerende Stürme, oder Nöte, in die wir durch menschliches Versagen geraten: die Not des Krieges, die nicht nur zu Hungersnot, sondern auch in die Not der Vertreibung und Flucht führt. Es gibt die Not der Arbeitslosigkeit. Es gibt finanzielle Notlagen, die uns Angst machen, dass wir unseren Lebensunterhalt nicht mehr verdienen können. Es gibt die Not, wenn unsere Wohnung gekündigt wird und wir keine geeignete mehr für uns finden. Es gibt die zahlreichen alltäglichen Notlagen, in die wir geraten.

Aber noch häufiger sind die inneren Nöte, die Seelennöte. Meine Seele ist in Not, wenn sie von inneren Zwängen heimgesucht wird. Seelennöte, das sind die Ängste und Depressionen. Das sind meine Empfindlichkeit und Sensibilität. Ich kann den Lärm nicht aushalten, ich kann Konflikte nicht ertragen. Sie machen mir Angst. Sie bringen mich in Not, in eine Zwangslage, an der ich leide.

Ich leide an meiner Einsamkeit und Isolierung. Ich fühle mich unverstanden, abgelehnt. Es macht mir Angst, unter die Menschen zu gehen. In meinem Kopf drehen sich die Gedanken darüber, was andere über mich denken könnten. So weiche ich den Begegnungen mit Menschen aus. Ich fühle mich kraftlos, kann mich zu nichts aufraffen. Ich leide an der Sinnlosigkeit meines Lebens. Ich sehe keinen Sinn in dem, was ich tue. Meine Arbeit, mein Alltag, meine Beziehungen, all das erscheint mir sinnlos. Es trägt mich nicht.

Menschen, die in Not geraten sind, schreien. Doch oft hört niemand ihren Notschrei. Im Schreien drücken sie aus, dass sie sich selbst nicht helfen, nicht selbst aus der Not befreien können. Sie brauchen einen Engel, den Gott schickt, um ihre Not zu wenden. Sie brauchen einen Helfer, der ihnen aus der Not heraushilft, der sie unterstützt, der sie fördert und sie mit ihrer eigenen Kraft in Berührung bringt.

Gott kann einen Menschen schicken, der uns in der Not unterstützt und uns heraushilft. Es kann aber auch ein Wort der Bibel sein, das unsere Not wendet, ein Wort der Verheißung, das uns Mut macht, aufzustehen und uns nicht von der Not niederzwingen zu lassen. Und die Not kann ein innerer Impuls sein, den Gott in unserer Seele aufsteigen lässt, wenn wir still werden, wenn wir beten, wenn wir Gottesdienst feiern. Wir dürfen darauf vertrauen, dass Gott uns nicht allein lässt in unserer Not. Den Engel, den Gott uns schickt, darf ich ansprechen. Und indem ich ihn anspreche, erfahre ich die Linderung meiner Not.

Du bist ein Engel in meiner Not. Du lässt mich in meiner Not nicht allein. Not hat immer mit nötigen, mit zwingen zu tun. Ich bin in einer Zwangslage. Ich kann mich selbst nicht daraus befreien. Gegen meinen Willen bin ich in diese Bedrängnis geraten. Doch Du bist in meine Not gekommen. Gott hat Dich geschickt, damit ich nicht daran verzweifle.

Du hast mir einen Weg gezeigt, wie diese Not sich wenden kann. Du hast mir das notwendige Rüstzeug gegeben, das ich brauche, um diese schwierige Situation zu bestehen. Du bist als Engel in meine Not eingetreten. Du hast angepackt und mir Mut gemacht, selbst meine Hände zu gebrauchen.

Du bist der innere Impuls, der mich angetrieben hat, aufzustehen und mich meiner Not zu stellen, anstatt darin unterzugehen. Du bist im Traum zu mir gekommen und hast mir gezeigt, dass die Not nicht mein ganzes Leben im Griff hat. In meiner Seele gibt es Bereiche, die dieser Not enthoben sind. Du hast mich in Berührung gebracht mit den heilen und freien Aspekten meiner Seele und meines Lebens.

*W*eil Du mich in meine Seele geführt hast, fand ich die Kraft, selbst aufzustehen und das in die Hand zu nehmen, was meine Not wendet. Sei weiterhin bei mir und begleite mich in meinen Sorgen und Nöten, damit ich darin nicht untergehe. Schenke mir Stärke und Mut, auf meinem Weg auch Rückschläge einzustecken und zu ertragen. Lass mich meinen Weg zuversichtlich und im Glauben an die Liebe Gottes gehen. Wenn Du mit mir gehst, dann wird sich meine Not wenden.

*D*u bist der Engel des Helfens, der in meine Not eintritt. Du bleibst nicht nur bei mir. Du hilfst mir. Du packst an. Es gab in meinem Leben schon viele Situationen, in denen ich durch andere Menschen Deine Hilfe spüren durfte. Gerade in Dingen, die mir schwerfallen, haben sie zugepackt und meine Not gewendet.

*I*ch durfte Dich auch in Worten der Bibel erfahren, die mir Vertrauen geschenkt haben, dass Gott meine Not wendet, dass Gott mich entreißt aus aller Drangsal, dass er mich befreit aus der Grube, in die ich geraten bin durch eigenes Verschulden, weil ich nicht auf meinen Weg geachtet habe.

*I*ch danke Dir, dem Engel des Helfens, dass Du mich in meiner Not nicht übersehen hast. Und ich danke Gott, dass er Dich mir geschickt hat, um meine Not zu wenden.

*A*uf die Hilfe Gottes darf ich immer hoffen und vertrauen: »Der Herr ist mein Hirte, nichts wird mir fehlen. Er stillt mein Verlangen; er leitet mich auf rechten Pfaden, treu seinem Namen. Muss ich auch wandern in finsterer Schlucht, ich fürchte kein Unheil; denn du bist bei mir, dein Stock und dein Stab geben mir Zuversicht.« (Psalm 23,1.3f)

Der Engel des Behütens

Du bist ein Engel in meiner Verlassenheit

Viele Menschen haben in ihrer Kindheit Erfahrungen des Verlassenwerdens gemacht. Wenn die Mutter früh gestorben ist, fühlt sich das Kind verlassen. Es hat den Eindruck, die Mutter hätte es absichtlich verlassen. Oder der Vater hat sich von der Familie getrennt. Auch das ist eine tiefe Erfahrung von Verlassenheit.

Aber es gibt auch andere Erfahrungen. Das Kind hat geschrien in seiner Not. Es hat Hunger gespürt und den Hunger durch sein Schreien angemeldet. Aber es war niemand da, der es gehört hat. Ein anderes Kind musste früh ins Krankenhaus. Auch wenn die Mutter alles darangesetzt hat, um dem Kind auch im Krankenhaus nahe zu sein, hat sich im Kind ein tiefes Verlassenheitsgefühl gebildet.

Kinder, die solche Verlassenheitserfahrungen gemacht haben, verschließen sich innerlich, um den Schmerz nicht mehr zu spüren, der in diesem Augenblick in ihnen hochkam. Es war ein Schmerz, der nicht gestillt werden konnte, auch wenn man noch so schrie. Alles Schreien ging ins Leere. Also verstummt man innerlich. Doch sobald wir als Erwachsene wieder Erfahrungen von Verlassenwerden machen, schreit das verlassene Kind in uns auf.

Menschen, die als Kind solche Erfahrungen des Verlassenwerdens gemacht haben, haben Angst vor jedem Abschied. Im Abschied steigt diese alte Wunde der Verlassenheit wieder auf. Und sie haben Angst, dass der Freund, die Freundin, der Ehepartner oder die Partnerin sie verlassen könnten.

So klammern sie sich an den anderen. Die Angst, doch verlassen zu werden, wächst immer mehr.

Die Erfahrung der Verlassenheit führt dazu, dass ich mich auf niemanden mehr verlassen kann. Ich erfahre keine Zuverlässigkeit bei den Menschen. Ich kann ihnen nicht mehr vertrauen. Ich habe immer Angst, von Neuem verlassen zu werden. Bei jungen Menschen drückt sich diese Angst dann oft so aus, dass sie sich ihr Bedürfnis nach Freundschaft nicht erfüllen, weil sie Angst haben, sie könnten verlassen werden.

Gerade von Menschen, denen man Vertrauen geschenkt hat, verlassen zu werden, tut unendlich weh. Wer immer wieder von anderen Menschen verlassen worden ist, der verlässt sich schließlich auch selbst. Er geht weg von sich, von seiner Seele, um sich selbst nicht mehr spüren zu müssen. Er wehrt sich gegen das Gefühl der Verlassenheit, indem er sich verschließt. Doch gerade dann fühlt er sich verlassen, nicht nur von Menschen, sondern letztlich vom Leben, von der Liebe selbst. Er spürt das Leben nicht mehr. Er hat sich abgeschnitten von der Liebe.

Da braucht es einen Engel, der in seine Verlassenheit hineingeht, der sein Gefängnis aufbricht, der die Panzer, die er um seine Seele gelegt hat, zum Schmelzen bringt.

Vertraue darauf, dass Du nicht allein bist in Deiner Verlassenheit, dass Gott einen Engel schickt, der Dich nicht verlässt, auch wenn Du Dich selbst verlassen hast.

Gott schickt einen Engel, der Dich behütet, der Dir einen Schutzraum gewährt, in dem Du Dich geborgen und behütet fühlst. Der Engel, der Dich behütet, wacht über Dich, er sorgt für Dich, dass Du Dich selbst nicht verlässt, sondern in Dir und in Gott einen Raum der Obhut erfährst.

Denn der Herr »befiehlt seinen Engeln, dich zu behüten auf all deinen Wegen. Sie tragen dich auf ihren Händen, damit dein Fuß nicht an einen Stein stößt« (Psalm 91,11f).

Du bist ein Engel in meiner Verlassenheit. Du lässt mich nicht allein, wenn ich mich von allen Menschen verlassen fühle, wenn ich mich von Gott verlassen fühle und wenn ich mich selbst verlassen habe, weil ich es nicht ausgehalten habe bei mir.

Du hältst mich aus, auch dort, wo ich mich nicht aushalte. Menschen haben mir oft genug vermittelt, dass man es mit mir nicht aushalten kann. Doch Du bist bei mir. Du verlässt mich nicht.

*I*ch habe oft Angst in meiner Verlassenheit. Sie tut so weh. Die alte Wunde bricht wieder auf, als ich mich als Kind verlassen fühlte, weil niemand kam, als ich im Kinderbett nach Hilfe schrie. Ich möchte mich nicht wieder so verlassen fühlen wie damals, als die Mutter so früh starb, als der Vater die Familie verließ, als die Freundin nichts mehr von mir wissen wollte, als der Freund einfach von mir wegging.

*I*ch habe mich völlig allein gelassen gefühlt. Ich hatte das Gefühl, ich sei nichts wert. Niemand schien mich wahrzunehmen, niemand hörte mir zu. Ich glaubte, dass andere mich mieden, als hätte ich eine ansteckende Krankheit. Niemand wollte bei mir sein. Aber Du bist bei mir geblieben. Du hast keine Angst, dass Du Dich bei mir anstecken könntest. Du verlässt mich nicht.

*D*u bist der Schutzengel, der mich schützt vor der Wunde der Verlassenheit. Du bist der Engel des Behütens. Du behütest mich mit Deinen Flügeln. Du bedeckst mich, wenn ich mich einsam und verlassen fühle.

Du schützt mich, wenn aggressive Worte auf mich einströmen. In solchen Momenten fühle ich mich so hilflos, und ich weiß nicht, was ich sagen soll. Oft fehlen mir einfach die richtigen Worte. Ich fühle mich unwohl und versuche, mich zurückzuziehen. Du bist der Engel, der mich schützt und behütet. Du bist wie ein Hut, der mich bedeckt, eine Obhut, in der ich mich sicher fühle.

Du ermöglichst es mir, zu mir zu stehen. Denn wenn keiner zu mir steht, gerate auch ich ins Wanken. Doch wenn Du es bei mir aushältst und zu mir stehst, bekomme auch ich Stehvermögen. So vermag ich wieder zu mir zu stehen. Wenn niemand bei mir bleibt, möchte auch ich nicht bei mir bleiben. Dann verlasse ich mich selbst. Aber wenn Du mich nicht verlässt, dann verlasse ich mich auch nicht. Dann bleibe ich bei mir. Dann fühle ich mich behütet.

*U*nter dem Schutz Deiner Nähe fühle ich mich geborgen. Da vermag ich mit dem Psalmisten zu beten: »Ich suchte den Herrn, und er erhörte mich, er hat mich all meinen Ängsten entrissen. Da rief ein Armer, und es hörte ihn der Herr, er half ihm aus all seinen Nöten. Der Engel des Herrn umschirmt, die ihn fürchten, und er befreit sie.« (Psalm 34,5.7f)

Der Engel des Trostes

Du bist ein Engel in meiner Trauer

Trauer isoliert die Menschen. Wenn ein lieber Mensch gestorben ist und wir um ihn trauern, meiden manche Freunde den Kontakt mit uns. Sie wollen mit unserer Trauer nichts zu tun haben. Wenn wir so in unserer Trauer gemieden werden, spüren wir schmerzlich: Meine Trauer darf nicht sein. Ich störe die anderen mit meiner Trauer. Sie wollen einfach normal weiterleben. Sie wollen meine Trauer nicht. Und so wollen sie letztlich mich nicht. Denn ich kann momentan ohne Trauer nicht sein.

Wenn ein lieber Mensch stirbt, dann stürzt mich die Trauer in ein Gefühlschaos. Es ist der Schmerz über den Verlust des lieben Menschen. Am Anfang möchte ich es gar nicht wahrhaben, dass ich mit dem verstorbenen Vater, der verstorbenen Mutter, dem Freund, dem Kind nicht mehr sprechen kann. Ich verdränge die Trauer. Wenn ich sie zulasse, dann habe ich das Gefühl, den Boden unter den Füßen zu verlieren. Ich kenne mich nicht mehr aus. Auch der Glaube trägt nicht. Zumindest nimmt er mir den Schmerz nicht.

Die Trauer ist von verschiedenen Gefühlen geprägt. Zunächst ist der Schmerz im Vordergrund. Es ist ein unsagbarer Schmerz, diesen lieben Menschen verloren zu haben und von ihm für immer Abschied nehmen zu müssen. In den Schmerz mischt sich das Gefühl von Sinnlosigkeit. Wenn dieser Mensch, der mir so viel bedeutet hat, nicht mehr ist, dann weiß ich nicht, was ich mit meinem Leben noch soll. Doch in den Schmerz und in die Trauer mischen sich auch andere Gefühle. Indem ich Abschied nehme von diesem Menschen, wird mir meine Beziehung zu ihm bewusst. Und diese Beziehung war nicht nur klar und liebevoll und harmonisch. Da gab es auch Konflikte. Da gab es Missverständnisse und Verletzungen. Wenn ich daran denke, dann kommt auch Wut hoch. Doch die darf ich mir gar nicht erlauben. Denn ich muss ja Schmerz empfinden. Aber die Trauerarbeit bedeutet immer auch, dass ich mir der Beziehung zum Verstorbenen bewusst werde, dessen, was ich ihm verdanke, was er mir bedeutet, aber auch dessen, was mir mit ihm schwergefallen ist und was mich verletzt hat. Trauerarbeit heißt immer auch, meine Beziehung zum Verstorbenen zu klären und Unaufgearbeitetes nochmals zu bearbeiten, um es dann loslassen zu können.

Ich trauere aber nie nur um den verstorbenen Menschen. Der Tod eines lieben Menschen fordert mich heraus, meine zerplatzten

Lebensträume zu betrauern. Denn mein Leben, so wie ich es mir vorgestellt habe, an der Seite meines Mannes, meiner Frau, gemeinsam mit meinem Vater und meiner Mutter, gemeinsam mit meinem Kind, ist durch den Tod jäh in Frage gestellt worden.

Meine Vorstellungen vom Leben sind zerbrochen. Ich muss mich also selbst betrauern. Denn mein Leben geht nicht mehr so weiter, wie ich mir das gewünscht habe. Oft erinnert mich der Tod eines lieben Menschen auch an das eigene ungelebte Leben. So ist die Trauer immer auch Trauer über das bisher nicht gelebte Leben.

Die Trauer will mich in Berührung bringen mit neuen Möglichkeiten, die in meiner Seele bereitliegen. Sie will mich aber auch zu einer neuen Beziehung zum Verstorbenen führen. Wenn ich ihn im Tod losgelassen habe, kann ich auch eine neue Beziehung zu ihm aufnehmen. Er wird zu einem inneren Begleiter, ja zu einem Engel für mich. Manchmal darf ich das in Träumen erleben, in denen mir der Verstorbene ein Wort sagt, das mich weiterführt, oder mir einfach schweigend zeigt, dass es gut ist, so wie es ist.

Ich darf den Verstorbenen auch bitten, mich zu begleiten, mir den Rücken zu stärken und mir einen Weg zu zeigen, den ich gehen kann. Und ich kann ihn in meiner Trauer auch fragen: »Was ist deine Botschaft an mich? Und wie möchtest du, dass ich auf dein Leben und Sterben antworte? Wie soll ich jetzt ohne dich leben? Was ist dein Impuls?« Eine Frau, die Kinder durch Totgeburt verloren hatte, konnte nach Jahren der Trauer sagen: Meine Kinder sind wie Engel, die mich begleiten und mich dazu befähigen, gerade den Zugang zu schwierigen Kindern in meiner erzieherischen und künstlerischen Arbeit zu bekommen.

Wer trauert, sehnt sich nach einem Tröster. Viele Menschen tun sich schwer, auf
Trauernde zuzugehen, weil sie nicht wissen, was sie ihnen sagen, womit sie sie trösten könnten. Doch trösten heißt nicht, dem
anderen tröstende Worte zu sagen. Vor allem
aber heißt es nicht, ihn mit frommen Worten zu vertrösten.

Das deutsche Wort Trost kommt von
Treue und bedeutet ursprünglich: Festigkeit.
Trösten heißt also, dass ich beim anderen
stehen bleibe. Ich halte seine Tränen, seine
Verzweiflung, seine Anklagen, seine Sinnlosigkeit aus. Ich überspiele die Sinnlosigkeit nicht, indem ich sofort mit biblischen
Worten beweisen möchte, dass der Tod doch
wohl einen Sinn haben werde. Trösten heißt,
dass ich schweigend beim anderen aushalte, ohne mit irgendwelchen Worten etwas zu
beschwichtigen.

Wenn ich es schweigend in der Verzweiflung und Trauer des anderen aushalte, dann kann ich ihn einladen, einfach zu erzählen. Ich muss gar nichts sagen. Ich brauche nur zuzuhören, durch mein Zuhören den anderen noch mehr einladen, zu erzählen, was ihm vom Verstorbenen einfällt, aber auch all das zu sagen, was er an Hoffnungslosigkeit und Sinnlosigkeit spürt. Das deutsche Wort »trauern« kommt von »matt werden, schwach werden, keinen Boden unter den Füßen haben«. Wer in der Trauer den Boden unter den Füßen verliert, sehnt sich nach einem, der ihm beisteht und ihm durch sein Stehen wieder Stehvermögen vermittelt, der ihm Festigkeit verleiht.

Das lateinische Wort für Tröster ist »consolator«. Es ist zusammengesetzt aus con (= mit) und solus (= allein). Der Tröster ist der, der den Mut hat, mit dem Einsamen zu sein, der in seine Einsamkeit hineingeht. Trauernde fühlen sich oft alleingelassen. Sie sehnen sich nach einem, der es wagt, in ihre Einsamkeit hineinzugehen und bei ihnen zu bleiben.

Trauernde brauchen Tröster, die sie in ihrer Trauer begleiten, die mit ihnen durch die verschiedenen Phasen der Rebellion, der Verzweiflung, der Hoffnungslosigkeit und der Einsamkeit mitgehen. Nur so können Trauernde im Gespräch mit einem, der ihnen beisteht, selbst Wege finden, wie sie auf den Verlust des lieben Menschen mit ihrem Leben antworten möchten. Und sie werden in sich neue Möglichkeiten entdecken, die auch noch in ihnen stecken und die sie bisher noch gar nicht wahrgenommen haben. Oft suchen sie aber vergebens nach einem Tröster. Da braucht es das Vertrauen, dass Gott mir einen Engel des Trostes schickt, der meine Trauer verwandelt. Indem

Du den Engel des Trostes ansprichst, erahnst Du, dass Gott Dich nicht allein lässt in Deiner Trauer. Der Engel des Trostes wird Deine Trauer verwandeln.

Du bist ein Engel in meiner Trauer. Ich trauere um den Verlust lieber Menschen. Sie haben mir so viel bedeutet. Ich habe mich von ihnen geliebt gefühlt, und ich habe sie geliebt. Jetzt sind sie mir genommen. Ich kann sie nicht mehr umarmen, sie nicht mehr anschauen und nicht mehr mit ihnen sprechen. Mit ihnen ist ein Teil meines Lebens gestorben.

Die Trauer nimmt mir den festen Boden unter den Füßen. Da bin ich dankbar, dass Du bei mir bleibst in meiner Trauer. Du vertröstest mich nicht mit billigen Worten. Du bist mir Trost, weil Du es aushältst mit meinen Tränen, mit der Trauer, die mich immer wieder überkommt.

Wenn Du bei mir bleibst in meiner Trauer, dann kann sich meine Trauer wandeln. Dann spüre ich in meiner Trauer um den geliebten Menschen doch eine innere Beziehung, die mir auch der Tod nicht rauben kann.

In der Liebe Gottes bin ich auch mit dem lieben Toten verbunden. Seine Liebe strömt vom Himmel her zu mir und stärkt mich. Aber ich kenne nicht nur die Trauer um den Tod lieber Menschen. Ich kenne auch die Trauer um all die verpassten Chancen, die zerplatzten Lebensträume, die Enge meines Lebens. Und ich kenne die Trauer darüber, dass meine Partnerschaft, meine Freundschaft, meine Gemeinschaft, meine Gruppe, mit der ich viel Zeit verbringe, so alltäglich und mittelmäßig sind. Es ist nicht mehr wie am Anfang. Routine hat sich eingeschlichen. Die Gefühle haben sich abgeschwächt und abgenutzt. Da brauche ich Dich, den Engel der Trostes, der mich in meiner Trauer begleitet und der mich einführt in die Kunst des Betrauerns.

Ich habe es schon erfahren: Wenn ich die Durchschnittlichkeit meiner Freundschaft und Gemeinschaft und wenn ich meine eigene Durchschnittlichkeit betrauere, dann komme ich in Berührung mit all den positiven Kräften in meiner Seele. Dann entdecke ich, dass ich trotz meiner Durchschnittlichkeit doch auch einmalig bin, dass ich Fähigkeiten habe, dass ich dankbar sein kann für das, was in mir und durch mich geschehen ist.

Ich erkenne auch, welcher Schatz in unserer Partnerschaft, in unserer Familie liegt. Immerhin sind wir uns treu, gehen fair miteinander um. Wir haben gemeinsam schon so viel durchgestanden. Das ist ein Wert, den ich oft übersehe, wenn ich nur traurig bin, dass meine Illusionen einer heilen Welt zerbrochen sind. Doch ich spüre, dass ich in Deiner Nähe das Zerbrechen meiner Illusionen zulassen kann. Ich spüre dann, dass ich nicht daran zerbreche.

*W*enn ich die Bilder von mir, meinem Leben und von Gott zerbrechen lasse, dann werde ich nicht zerbrechen. Ich werde vielmehr aufgebrochen für mein wahres Selbst, für den Reichtum meines Lebens und für den ganz anderen Gott, der unbegreiflich ist, aber dennoch Liebe: unbegreifliche Liebe, die alles in mir verwandelt.

*D*u bist der Engel des Trostes, der keine Angst hat vor meiner Trauer. Wenn ich traurig bin und ins Wanken gerate, dann bleibst Du bei mir stehen. Du spendest mir Trost, nicht mit leeren Worten, sondern Du bist einfach bei mir und hörst mir zu. Du ermöglichst es mir, wieder Boden unter den Füßen zu bekommen, wieder Stehvermögen zu zeigen.

*D*u bist der Engel des Trostes, der mit mir ist in meiner Einsamkeit, der es wagt, in die Einsamkeit zu treten, in die ich durch meine Trauer hineingeraten bin. Wenn Du bei mir bist und mir durch Deine Gegenwart Trost schenkst, dann traue ich mich, mit meiner Trauer zu leben, durch die Trauer zu gehen und durch sie auf den Grund meiner Seele zu gelangen, in der nicht nur Trauer, sondern Trost, Freude, Lebendigkeit und Hoffnung sind.

*I*ch spüre, dass Gott mich in meiner Trauer nicht alleine lässt. »Die aber, die dem Herrn vertrauen, schöpfen neue Kraft, sie bekommen Flügel wie Adler. Sie laufen und werden nicht müde, sie gehen und werden nicht matt.« (Jesaja 40,31)

Der Engel des Lichtes

Du bist ein Engel in meiner Dunkelheit

Vor der Dunkelheit haben sich die Menschen schon immer gefürchtet. In der Dunkelheit fühlen sie sich bedroht von Feinden, die sie gar nicht sehen. Das sind dann nicht nur feindliche Menschen, die sich im Dunkeln verstecken und mich hinterrücks angreifen. Das können auch innere Feinde sein.

Die Menschen haben in früheren Zeiten die Dunkelheit mit den Dämonen verbunden. Die Dunkelheit ist das Reich der Dämonen. Da treten aus dem Dunkel der eigenen Seele Kräfte auf, die mich innerlich bedrohen, die mich zerreißen und mir schaden möchten.

Heute erleben die Menschen Dunkelheit vor allem in der Depression. Sie beschreiben ihre Erfahrung so, dass sie in einem dunklen Loch stecken. In dieses dunkle Loch können auch nicht mehr die Worte vordringen, die mir liebe Menschen sagen. Es erreicht mich nichts mehr. Alles hat sich in mir verdunkelt. Auch der Glaube, der mir oft genug Licht geschenkt hat, hat sich zurückgezogen. Der Glaube reicht nicht hinein in diesen Raum der Dunkelheit. Die Worte der Bibel, die sonst Trost spenden, prallen an mir ab, wenn ich in der Dunkelheit sitze. Ich höre sie noch, doch wie von weit her, als ob sie an mir vorbeigehen.

Ein depressiver Mensch sehnt sich danach, dass es wieder hell wird in seiner Seele. Und doch hat er den Eindruck, dass er in seiner Dunkelheit gefangen ist, dass da niemand ihn befreien kann.

Eine andere Form von Dunkelheit erleben wir in der Sinnlosigkeit. Ziele, die wir uns gesteckt hatten, erscheinen uns plötzlich unwichtig. Einen tieferen Sinn für unser Tun können wir nicht mehr erkennen. Alles scheint ins Leere zu laufen. Das Dasein ist uns verdunkelt. Wir blicken nicht durch. Wir sehen keinen Sinn in unserem Leben. Wir tappen im Dunkeln.

Diese leidvolle Erfahrung der Dunkelheit kennt die Bibel zur Genüge. Der Prophet Jesaja lässt die Menschen, die an ihrer Dunkelheit leiden, sprechen: »Wir hoffen auf Licht, doch es bleibt finster; wir hoffen auf den Anbruch des Tages, doch wir gehen im Dunkeln. Wir tasten uns wie Blinde an der Wand entlang und tappen dahin, als hätten wir keine Augen. Wir stolpern am Mittag, als wäre schon Dämmerung, wir leben im Finstern wie die Toten.« (Jesaja 59,9f)

Wem sich das Leben verdunkelt hat, der erlebt sich wie ein Blinder. Er tappt durch das Leben, aber er sieht nicht, wohin er geht. Er hat keine Richtung, keinen Sinn, der ihm zeigt, wohin sein Leben geht. Er hat die Orientierung verloren. Die eigenen Sinne bieten keinen verlässlichen Halt mehr. Er fühlt sich haltlos. Leere steigt in ihm auf. Und er erfährt sich als tot. Licht bedeutet Leben. Wer im Dunkeln lebt, der fühlt sich vom Leben abgeschnitten.

Wir Christen sehen die Menschwerdung Gottes in Jesus Christus als Erfüllung der Verheißung des Propheten Jesaja: »Das Volk, das im Dunkel lebt, sieht ein helles Licht; über denen, die im Land der Finsternis wohnen, strahlt ein Licht auf.« (Jesaja 9,1)

Der Evangelist Lukas nennt die Finsternis, in der wir wohnen, »Schatten des Todes«. Und er versteht Jesus als den, der uns besucht als »das aufstrahlende Licht aus der Höhe, um allen zu leuchten, die in Finsternis sitzen, und im Schatten des Todes« (Lukasevangelium 1,78f).

Wir können unsere Dunkelheit nicht selbst erhellen. Wir sehnen uns nach dem Licht, das uns Gott in seinem Sohn Jesus Christus geschenkt hat. Und wir sehnen uns nach dem Engel, den Gott in unsere Dunkelheit schickt, um sie hier und heute zu erhellen. Trau dem Engel des Lichtes, den Gott in Deine Dunkelheit sendet. Und sag ihm Deine Not mit Deiner inneren Finsternis. Schon das Sprechen zu Deinem Engel des Lichtes macht Deine Finsternis hell.

*D*u bist ein Engel in meiner Dunkelheit. Ich kenne die Erfahrungen von Dunkelheit. Es ist nicht nur das äußere Dunkel, das mir manchmal Angst macht. Ich bin als Kind nie gerne in den dunklen Keller gegangen. Und manchmal erinnert mich die Dunkelheit um mich an diese Urangst, die ich als Kind im dunklen Keller gehabt habe. Aber ich kenne auch die Dunkelheit meiner Seele. Auf einmal ist da nichts mehr von Lebendigkeit und Helligkeit zu spüren. Ich erkenne nichts mehr in mir. Und Gott hat sich mir gegenüber verdunkelt. Ich fühle ihn nicht mehr. Da brauche ich Dich, den Engel in der Dunkelheit, der mir zeigt, dass Gott gerade auch im Dunkeln wohnt.

*D*u möchtest mich lehren, dass die Dunkelheit nicht bedrohlich ist. Sie will mich nur läutern. Sie will mich befreien von meinen manchmal allzu klaren Bildern von Gott. Gott ist jenseits der Bilder. Er muss sich manchmal in der Dunkelheit verbergen, damit ich meine Bilder von ihm loslasse und mich weiterhin auf die Suche nach diesem unbekannten und dunklen Gott mache.

Du bist ein Engel in meiner Dunkelheit, ich brauche Dich gerade dort, wo meine Seele sich verdunkelt, wenn die Depression nach ihr greift und mir das Gefühl gibt, im dunklen Loch zu sein. In diesem dunklen Loch helfen mir alle frommen Worte nicht. Alles, was mir bisher geholfen hat, hat in dieser Dunkelheit seine Wirkung verloren. Da sehne ich mich nach Dir, dem Engel, der in meiner Dunkelheit bei mir ist. Ich erwarte nicht von Dir, dass Du mir die Dunkelheit wegnimmst. Aber ich hoffe und vertraue darauf, dass Du meine Dunkelheit verwandelst.

Allein wenn ich weiß, dass Du in meiner Dunkelheit bleibst und keine Angst davor hast, wird sich meine Dunkelheit in Licht verwandeln.

Dann werde ich im tiefsten dunklen Loch doch etwas erahnen von dem Licht, das alles erhellt, auch die Tiefen meiner unbegreiflichen Seele.

*F*ühre mich auf meinem Weg durch das Dunkel ans Licht und hilf mir, die für mich passenden und notwendigen Schritte zu tun. Lass in mir die Sehnsucht, wieder lebendig am Leben teilzunehmen, neu erwachen.

*E*ngel des Lichtes, lass mich wieder frei werden, Freude und Liebe in meinem Leben neu entdecken. Erhelle mich mit Deinem Licht, so dass ich aus meiner Dunkelheit heraus zurück zum Leben finde.

*S*o bist Du nicht nur der Engel der Dunkelheit, sondern zugleich der Engel des Lichtes. Du hast keine Angst, dass Dein Licht von meiner Dunkelheit besiegt wird. Du leuchtest mit Deinem Licht in die tiefsten Abgründe meiner Seele und durchdringst die Finsternis mit Deinem Licht.

Das vertreibt alle Angst vor meiner eigenen Dunkelheit. Das gibt mir die Gewissheit, dass auf dem Grund meiner Seele alles licht und hell ist, erleuchtet vom strahlenden Glanz Gottes.

Der Engel des Vertrauens

Du bist ein Engel in meiner Verzweiflung

Wenn Menschen verzweifelt sind, haben sie alles verloren, was ihnen noch Halt gibt. Sie haben keine Hoffnung mehr. Sie sehen keinen Ausweg mehr aus ihrer Situation. Die einen sind verzweifelt, wenn ein lieber Mensch, auf den sie alle Hoffnung gesetzt haben, stirbt. Andere sind verzweifelt, weil nichts in ihrem Leben gelingt. Sie haben ihre Arbeit verloren. Zunächst hatten sie noch Hoffnung und viele Bewerbungen geschrieben. Aber eine Antwort haben sie nie erhalten. Nach und nach verlieren sie ihren Mut und schließlich den Glauben an sich selbst. Sie haben sich selbst aufgegeben.

Sören Kierkegaard, der dänische Religionsphilosoph, hat die Verzweiflung als »Krankheit zum Tode« bezeichnet. Die tiefste Verzweiflung ist die Verzweiflung an sich selbst, das Aufgeben aller Hoffnung auf ein erfülltes Leben. Die Lateiner nennen die Verzweiflung »desperatio«. Sie ist eben der Mangel an Hoffnung. Ich habe keine Hoffnung mehr für mich, für das Leben, weil auch Gott nicht mehr der Garant meiner Hoffnung ist.

Viele geraten durch äußere Schicksalsschläge, durch Krankheit, durch den Verlust eines lieben Menschen, durch den Verlust der Arbeit oder durch das plötzliche Unvermögen, noch für sich selbst sorgen zu können, in tiefe Verzweiflung. Andere verzweifeln an sich selbst. Sie lehnen sich selbst ab. Sie haben das Gefühl, dass ihr Leben nie gelingen wird, dass sie verdammt dazu sind, zu scheitern und innerlich zu zerbrechen. Solche Verzweiflung nennt der Philosoph Josef Pieper die »Vorwegnahme der Nicht-Erfüllung«. Ich traue mir nichts mehr zu. Ich

traue Gott nicht zu, dass er meinem Leben
die Erfüllung schenken könnte.

Die Verzweiflung an sich selbst drückt sich
aber auch aus in der Selbstablehnung. So,
wie ich bin, bin ich nicht gut. Oft hängt das
zusammen mit übertriebenen Maßstäben,
die wir an uns anlegen, mit zu »großen« Bildern, die wir von uns haben und die wir in
uns tragen. Weil wir diese Idealbilder nicht
verwirklichen, sind wir verzweifelt und meinen, wir seien so, wie wir sind, dazu verdammt, zu zerbrechen.

In solcher Verzweiflung spüren wir, dass wir
uns alleine nicht mehr zurechtfinden. Wir
brauchen jemanden, der uns hilft. Wir brauchen einen Engel. In dieser Bedrängnis dürfen wir dann ruhig darauf hoffen, dass Gott
unsere Verzweiflung sieht und uns seinen
Engel schickt, um die Verzweiflung zu verwandeln.

Es ist der Engel des Vertrauens, der uns mitten in unserer Verzweiflung in Berührung bringt mit dem Urvertrauen, das auf dem Grund unserer Seele noch vorhanden ist. Unsere Mutter hat uns dieses Urvertrauen geschenkt, das Gefühl, dass wir willkommen sind auf dieser Welt. Und unser Vater hat dieses Vertrauen in ein Zutrauen verwandelt. Wir haben uns in der Nähe des Vaters zugetraut, etwas zu wagen, unser Leben selbst in die Hand zu nehmen und es zu gestalten.

So will Gottes Engel uns zeigen, was vertrauen heißt: anderen, aber auch uns selbst zu vertrauen. Wenn wir einem anderen vertrauen, wissen wir, dass wir fest auf ihn zählen können. Auf sein Wort ist Verlass. So können wir auch Gott vertrauen. Er gibt uns seine Zusage, dass er immer für uns da ist und für uns sorgt. Wir können unser Leben auf ihn bauen. Gott nimmt uns so, wie wir sind. Er vertraut uns, und er traut uns etwas zu. Dann dürfen auch wir uns trauen, auch einmal ungewohnte Wege zu gehen und Neues zu wagen. Die Gewissheit, dass Gott uns immer hält, gibt Mut und Kraft.

Der Engel des Vertrauens möge uns mitten in der Verzweiflung, in der uns der Boden weggezogen wird unter unseren Füßen, wieder Standfestigkeit verleihen, den Glauben, dass das Fundament unseres Lebens Gott selbst ist, ein Fundament, das durch keine Krise brüchig werden kann. So können wir ruhig alle unsere Sorgen auf ihn werfen, denn er wird sich um uns kümmern. (Vgl. im Ersten Petrusbrief 5,7)

Du bist ein Engel in meiner Verzweiflung. *Wenn ich an allem zweifle, wenn ich an mir selbst zweifle, dann hat mir schon oft ein Wort geholfen, das Du mir gesagt hast. Manchmal war es ein Wort, das ich in einem Buch gelesen habe. Auf einmal hat es mich berührt. Manchmal war es ein Wort, das ich im Gottesdienst gehört habe, beim Vorlesen der biblischen Texte oder aber in der Predigt, das mich wieder aufgerichtet und mir Klarheit und Vertrauen vermittelt hat. Manchmal hat ein Mensch mir im richtigen Augenblick das richtige Wort gesagt, ein Wort, das mir wieder Vertrauen geschenkt hat.*

Ich kenne die Zweifel an mir, an meinem Glauben, an den Menschen. Solche Zweifel vergehen wieder, wenn Du, der Engel des Vertrauens, zu mir sprichst und mir eine andere Sichtweise vermittelst. Ich kenne aber auch die Verzweiflung.

In der Verzweiflung weiß ich gar nicht mehr, wo ich dran bin. Da ist alles ausweglos. Ich weiß nicht mehr ein noch aus. Ich weiß nicht, wie ich das Leben schaffen soll, wie ich den Konflikt lösen soll. Ganz gleich, in welche Richtung ich denke, es zeigt sich keine Lösung. Ich möchte am liebsten vor den Problemen davonlaufen. Ich habe keine Kraft, mich ihnen zu stellen, weil ich keinen Weg entdecke, sie zu lösen.

*I*n solcher Verzweiflung tust Du mir gut, wenn Du mir zur Seite stehst. Du brauchst gar nicht viel zu sagen. Allein das Wissen, dass Du mich nicht verlässt, das gibt mir Vertrauen.

*E*ngel des Vertrauens, hilf mir, wenn ich nichts Festes mehr habe, woran ich mich in meinem Leben halten kann. Wenn das, worauf ich bislang vertraut habe, mir mit einem Mal unsicher erscheint. Wenn bestimmte Vorstellungen und Lebensmuster, die für mich immer selbstverständlich waren, plötzlich ins Wanken geraten und für mich ihre Tragfähigkeit verloren haben. Lass mich dir vertrauen, dass du bei mir bist und mich trägst.

Du bringst mich in meiner Verzweiflung wieder in Berührung mit dem Vertrauen, das auch in mir ist. Es ist das Vertrauen, dass Gott für mich sorgt, dass Du, der Engel des Vertrauens mich nicht verlässt, dass Gott mich nicht fallen lässt. Er schickt mir Dich, damit ich wieder festen Boden unter den Füßen bekomme und dem Leben wieder traue, mir selbst wieder traue und mein Vertrauen auf Gott setze, der auch in meiner Verzweiflung bei mir ist und mich stützt.

Dir darf ich vertrauen. Du sagst mir, dass in mir nicht nur Angst und Verzweiflung sind, sondern auf dem Grund immer auch Vertrauen. Du bringst mich in Berührung mit dem Vertrauen in mir, dass es immer stärker wird als alle Verzweiflung und Angst. Dir darf ich trauen. In Deiner Nähe vermag ich mir selbst wieder zu trauen. Und ich wage es, mein Vertrauen auf Gott zu setzen, all den Worten zu trauen, die er mir in der Bibel zugesagt hat. Ich lasse mich von den Worten des Psalms berühren. »Du umschließt mich von allen Seiten und legst deine Hand auf mich.« (Psalm 139,5)

Der Engel der Hoffnung

Du bist ein Engel in meinem Scheitern

Eine andere Not, in der wir uns nach einem Engel sehnen, ist das Scheitern. Wir sind gescheitert in der Ehe, wir sind gescheitert im Beruf. Und wir sind gescheitert in dem Versuch, unser Leben so zu formen, wie wir es von unserem Glauben her gerne wollten.

Der Ausdruck »scheitern« kommt vom Wort »Scheit«, das ein gespaltenes Holzstück bezeichnet, und von »scheiden«, das heißt »schneiden, trennen«. Scheitern meint also, dass etwas, das zusammengehört, zerschnitten, gespalten, getrennt wird. Etwas Ganzes fällt in Stücke, zerschellt in viele Einzelteile. Das, was ursprünglich als Lebenskonzept gemeint war, misslingt und zerfällt.

Das Wort »scheiden«, das dem Scheitern zugrundeliegt, wird für das Scheitern der Ehe benutzt. Die Ehe wird geschieden. »Scheiden« steckt auch im Wort »Abschied«. In jedem Scheitern nehmen wir Abschied von einem Idealbild des eigenen Lebens und von unserem Selbstbild.

Und schließlich bedeutet »verscheiden« sterben. Scheitern hat auch mit Sterben zu tun. Es stirbt etwas, auf das wir alle Hoffnung gesetzt haben.

Wenn wir gescheitert sind, müssen wir uns neu »entscheiden«, wohin unser Weg gehen soll. Und wir brauchen die Gabe der »Unterscheidung«, um zu entdecken, warum wir gescheitert sind und wie die Scherben unseres Lebensgebäudes neu zusammengesetzt werden können, wie aus dem »Abscheiden« neues Leben geboren werden kann.

Manche beschuldigen sich selbst, wenn sie gescheitert sind. Sie denken, wenn sie achtsam genug gewesen wären, wenn sie genügend gebetet hätten, wären sie nicht gescheitert. Doch Selbstbeschuldigungen führen nicht weiter. Im Gegenteil, sie lähmen uns regelrecht. Die Vorwürfe, die wir gegen uns selbst erheben, lasten bald so schwer auf uns, dass wir uns kaum mehr bewegen können. Weitergehen können wir nur, wenn wir uns unser Scheitern eingestehen und es annehmen. Erst dann sind wir frei, neue Wege zu finden und sie auch zu gehen.

Scheitern gehört zu unserem Leben. Statt uns zu beschuldigen, sollen wir das Scheitern als Chance nehmen, Abschied zu nehmen von Illusionen, die wir uns über uns und unser Leben gemacht haben, und einen neuen Anfang zu wagen. Wir dürfen darauf vertrauen, dass Gott aus den Scherben unseres Lebenskonzeptes etwas Neues schafft, das unserem wahren Wesen mehr entspricht. Wir werden dann am Scheitern nicht zerbrechen, sondern aufgebrochen für das Geheimnis Gottes und unseres wahren Selbst und werden letztlich auch aufgebrochen für die Menschen.

Damit wir das Scheitern so positiv sehen können, brauchen wir einen Engel, der in unser Scheitern hineinkommt und uns die Erfahrungen des Scheiterns in einem anderen Licht sehen lässt. Es ist der Engel der Hoffnung, nach dem wir uns sehnen. Von der Hoffnung sagt der Apostel Paulus: Sie »aber lässt nicht zugrunde gehen; denn die Liebe Gottes ist ausgegossen in unsere Herzen durch den Heiligen Geist, der uns gegeben ist« (Römerbrief 5,5).

Die Hoffnung beschämt uns nicht. Sie schenkt uns das Vertrauen, dass unser Leben gelingt. Hoffnung ist etwas anderes als eine Erwartung. Die Erwartung kann enttäuscht werden, die Hoffnung nicht. Der Engel der Hoffnung schenkt uns das Vertrauen, dass unser Scheitern verwandelt wird, dass aus unserem Scheitern neues Leben und neues Gelingen entstehen wird.

Du bist ein Engel in meinem Scheitern. Manches in meinem Leben ist nicht so geworden, wie ich das gerne gehabt hätte. In manchen Bereichen bin ich gescheitert. Da ist ein Lebensentwurf zerbrochen. Das, worauf ich meine Hoffnung gesetzt habe, hat mich enttäuscht. Eine Freundschaft ist zerbrochen. In der Arbeit bin ich gescheitert. In meinem Bemühen, einen Konflikt zu lösen, zu einer besseren Atmosphäre in meiner Firma oder in meiner Nachbarschaft beizutragen, bin ich gescheitert.

Wenn ich mit meinen Vorstellungen vom Leben gescheitert bin, habe ich manchmal den Eindruck, dass ich selbst gescheitert bin, dass ich den roten Faden in meinem Leben verloren habe, dass mein Selbst in tausend Scherben auseinandergefallen ist. Ich finde mein Selbst nicht mehr.

Engel der Hoffnung, ich brauche ich Dich. Du stehst mir bei und zeigst mir, dass auch im Scheitern die Chance eines neuen Anfangs liegen kann. Du schenkst mir wieder Hoffnung und neue Zuversicht. Ich weiß, dass Hoffnung nicht heißen kann, dass alle meine Erwartungen vom Leben erfüllt werden. Aber Du gibst mir die Gewissheit, dass mein Leben gelingen wird, wenn auch vielleicht anders, als ich mir es vorgestellt habe.

Du bist mir zum Engel der Hoffnung in meinem Scheitern geworden, weil Du die Hoffnung auf mich nicht aufgegeben hast. Ich habe bei Dir gespürt, dass Du nicht enttäuscht bist, weil ich Deine Erwartungen nicht erfüllt habe. Du hoffst auf mich und für mich. Das tut mir gut. Das ermutigt mich, selbst die Hoffnung nicht aufzugeben, sondern weiter auf das zu hoffen, was ich noch nicht sehe, was aber in mir an Möglichkeiten bereitliegt.

Im Scheitern erscheint alles hoffnungslos. Da ist erst einmal alles zerbrochen. Doch wenn Du mir Hoffnung schenkst, dann entdecke ich hinter allen Scherben die Möglichkeit, dass mein Leben eine neue Gestalt gewinnt, dass Gott aus den Scherben meines Lebens etwas formt, was meinem wahren Wesen mehr entspricht.

Hilf mir, Richtungen, die ich in meinem Leben eingeschlagen habe und die sich als falsch erwiesen haben, als gescheitert anzunehmen. Lass mich dabei nicht mich selbst mit Vorwürfen überschütten, denn dann fällt es mir schwer, mich davon zu befreien, und ich bleibe stehen. Ich verstelle mir selbst die Sicht und bin nicht offen für neue Wege. Engel der Hoffnung, durch Dich schöpfe ich den Mut und die Zuversicht, Neues zu beginnen.

*W*enn Du mir Hoffnung schenkst, dann wird in meinem Herzen etwas weit. Ich beginne – wie das deutsche Wort »hoffen« meint – zu hüpfen, lebendig zu werden, zu springen und die Weite und Freiheit und Lebendigkeit neu zu empfinden.

Der Engel der Leichtigkeit

Du bist ein Engel in meiner Schwere

Im Deutschen übersetzen wir den lateinischen Fachausdruck *Depression* mit *Schwermut*. Romano Guardini, der bekannte Theologe, der im letzten Jahrhundert viele Menschen durch seine Bücher angesprochen hat, hat auch ein Buch geschrieben mit dem Titel »Vom Sinn der Schwermut«. Guardini, der in den zwanziger und dreißiger Jahren des letzten Jahrhunderts ein begeisternder Jugendseelsorger war, litt selbst an der Schwermut.

Er beschreibt die Schwermut als Schwere des Gemüts: »Eine Last liegt auf dem Menschen, die ihn niederdrückt, dass er in sich zusammensinkt; dass die Spannung der Glieder und Organe nachlässt; dass Sinne, Triebe, Vorstellungen, Gedanken erlahmen; der Wille schlaff, Drang und Lust zu Werk und Kampf matt werden.«

Die Schwermut lässt uns alles schwernehmen. Es gibt auch Menschen, die nicht an der Krankheit der Schwermut leiden, über denen aber doch eine gewisse Schwere lastet. Aus ihren Worten hören wir die Schwere heraus, die über allem lastet, was sie ansprechen. Auch ihre Gebärden, ihr Gehen, ihre Handbewegungen zeigen die Schwere, die sich ihrer bemächtigt hat. Sie können sich nicht fröhlich und frei den Dingen zuwenden. Sie nehmen alles schwer. Sie sehen überall Probleme. Alles ist nicht so einfach. Diese Schwere lähmt die Menschen. Sie tun sich schwer, sich den Herausforderungen des Alltags zu stellen. Da sehnen wir uns nach einem Engel, der das Leben leichtnimmt. Die Engel haben Flügel, um sich über die Schwere des Lebens in Leichtigkeit zu erheben.

Manche Menschen sind gegenüber sich selbst oft viel zu streng. Fehler, von denen sie meinen, dass sie ihnen eigentlich nicht mehr hätten passieren dürfen, können sie sich kaum verzeihen. Sie versuchen dann, mit aller Härte gegen sich selbst diese Fehler abzulegen. Gelingt das nicht, werden sie immer verbissener, tun sich im Umgang mit sich selbst und mit anderen immer schwerer. Der Engel der Leichtigkeit möchte uns diese Schwere nehmen.

Auch anderen gegenüber sollten wir nachsichtig sein. Nicht jede Kritik muss persönlich genommen werden, nicht jedes Wort auf die Goldwaage gelegt werden. Nicht hinter jedem Fehlverhalten muss gleich eine böse Absicht stecken. Fehler sind menschlich, sie können unterlaufen und müssen nicht immer auf mangelndes Bemühen oder Unvermögen reduziert werden. Nachsicht und ein liebvoller Blick auf- beziehungsweise füreinander erleichtern den Umgang miteinander und lassen das Zusammenleben um vieles leichter werden.

Der Engel der Leichtigkeit möchte uns nicht zu Leichtfertigkeit oder Gedankenlosigkeit oder gar Oberflächlichkeit anhalten. Denn natürlich sollten wir in unserem Leben immer ehrlich darum bemüht sein, uns zu bessern und Fehler zu vermeiden. Aber der Engel will uns sagen: Auch wenn wir uns noch so sehr angestrengt haben, Fehler können und dürfen passieren.

Ein Misserfolg muss nicht gleich das Ende von allem bedeuten. Wir dürfen darauf vertrauen, dass, was auch immer passieren mag, Gott immer zu uns hält. Er hält uns fest in seiner Hand. Wir müssen gar nicht immer selbst alles alleine lösen und tragen, sondern wir dürfen uns von ihm getragen wissen. Und dieses Getragensein macht uns frei und hilft uns, das Leben leichter zu nehmen.

Wenn ich die Putten in Barockkirchen sehe, die Engel, die wie kleine Kinder spielen, die in ihre Trompete blasen oder sich mit ihren Flügeln überall hinbewegen, um mit kindlichen Augen die Menschen zu betrachten, die da mit ihren Nöten in die Kirche kommen, dann wird auch in mir etwas leicht. Da spüre ich, dass in diesen Engelbildern der Engel der Leichtigkeit in mein Leben tritt. Diese Kinderengel laden mich ein, mein Leben leichter zu nehmen. Sie erinnern mich an Papst Johannes XXIII., der ja recht gewichtig war und trotzdem zu sich immer gesagt hat: »Giovanni, nimm dich nicht so wichtig.«

Weil er sich leicht genommen hat, hat er mehr bewegt in der Kirche als grübleri-

sche Päpste. In seiner »kindlichen Leichtigkeit« hat er das Konzil einberufen, das für
die Zukunft richtungsweisend sein sollte. Er
hat damit alle überrascht, die diesem alten
Mann nicht mehr viel zugetraut haben.

Der Engel der Leichtigkeit möge auch uns
die Schwere nehmen und unsere Seele beflügeln, damit sie in der Leichtigkeit des Seins
Menschen zu Gott hin bewegt.

*Du bist ein Engel in meiner Schwere. Manch-
mal nehme ich alles so schwer. Die Probleme, die
vor mir stehen, bedrücken mich. Sie liegen auf
mir als Last, die mich nach unten drückt. Auf
einmal wird mir alles schwer. Die Arbeit fällt
mir schwer. Ich habe keine Energie, sie anzupa-
cken. Ich sehe überall nur die Schwierigkeiten,
die auf mich zukommen.*

Da brauche ich Dich, den Engel der Leichtigkeit, der meine Seele beflügelt, damit sie sich über die Probleme meines Alltags erhebt und sie von oben herab anschaut. Dann relativieren sich die Probleme. Ich stecke nicht mehr fest. Sie kleben nicht mehr an mir. Ich kann über sie fliegen und sie von oben her betrachten.

Oft mache ich mir das Leben selbst unnötig schwer. Vielfach sind es falsch verstandene Worte und Gesten, die zu Missverständnissen führen. Vieles nehme ich zu ernst. Anstatt dass ich ein klärendes Gespräch mit dem anderen suche, trage ich diese Worte weiter mit mir herum. Ich ziehe mich zurück, werde anderen gegenüber abweisend, denn das Gesagte wiegt schwer und belastet mich. Engel der Leichtigkeit, hilf mir, im Umgang mit den anderen etwas nachsichtiger und weniger nachtragend zu sein. So kann mein Leben einfacher und leichter werden.

*L*ass mich nicht immer so streng und hart in meinem Urteil sein gegenüber anderen, aber auch gegenüber mir selbst. Es fällt mir schwer, Fehler zu verzeihen, die mir eigentlich nicht hätten unterlaufen dürfen. Hilf mir, das Leben mit Humor zu nehmen, auch einmal darüber zu lachen, wenn mir wieder einmal etwas missglückt ist.

*D*u zeigst mir, dass ich in meinem Leben auch einmal loslassen darf, ohne dabei zu fallen. Denn ich werde gehalten von Gottes Hand. Ich muss nicht immer alles alleine tragen, sondern ich werde selbst getragen. »Befiehl dem Herrn deinen Weg und vertrau ihm; er wird es fügen.« (Psalm 37,5)

*D*ieses Gefühl des Getragenseins lässt mein Leben leichter werden. Es macht mich frei. Ich fühle mich gestärkt und habe Mut, auch einmal neue Wege zu gehen.

*E*ngel der Leichtigkeit, Du verweist uns auf die Gnade Gottes, die unser Leben gelingen lässt, ohne dass alles von unserer Leistung abhängt. Ich bitte Dich, auch mich zu beflügeln, damit ich von der Schwere des Daseins abheben kann in die Weite des Himmels, der über uns leuchtet.

Der Engel der Auferstehung

Du bist ein Engel in meiner Erstarrung

Manche Menschen sind innerlich erstarrt. Da bewegt sich nichts mehr. Sie haben eine starre Meinung. Sie sind in ihrem korrekten Verhalten erstarrt. Sie erfüllen ihre Pflicht. Aber es geht von ihnen keine Lebendigkeit aus. Wir können ihnen nicht begegnen. Wir begegnen gleichsam nur einer starren Maske, aber nicht der Person, die hinter dieser Maske steckt.

Andere erstarren vor Schrecken. Wir reagieren auf eine traumatische Erfahrung oft mit Erstarrung. Der Schrecken, den ein großes Unglück in mir hervorruft, lässt mich erstarren. Ich schütze mich durch die Erstarrung vor dem Schmerz. Ich kann den Schmerz nicht aushalten. So erstarrt in mir alles. Die Erstarrung ist eine Reaktion der Seele, mit der sie sich selbst vor traumatischen Erfahrungen schützt, die sie überfordern. Lieber gar nichts spüren, als einen Schmerz, der zu groß für mich ist, der mich in meiner Persönlichkeit auflösen würde.

Bei anderen ist es die Angst vor dem Leben, die sie erstarren lässt. Die Furcht davor, etwas zu wagen, von dem wir nicht wissen, ob wir den Anforderungen gewachsen sind und ob es uns gelingen wird. Das Kaninchen erstarrt vor der Schlange. Es ist gelähmt vor Angst. So erstarren wir manchmal vor den Herausforderungen des Lebens. Wir können nicht mehr reagieren. Wir bleiben in unserer Erstarrung stecken.

Bei manchen ist diese Erstarrung chronisch geworden. Sie haben sich so vielen Herausforderungen des Lebens entzogen, dass sie innerlich erstarrt sind. Es geht von ihnen nichts mehr aus. Sie sind abgeschnitten von ihren Gefühlen. Alles Lebendige ist zusammengezogen, unterdrückt, erstarrt und reglos. Das Leben kann sich in ihnen nicht mehr entfalten.

Es gibt auch Menschen, die sich gar nicht mehr bewegen wollen: Denn mit jeder Bewegung, und sei sie auch noch so gering, ist immer auch eine kleine Veränderung verbunden. Aber gerade davor haben sie Angst. Angst davor, dass gewohnte Abläufe, Regeln und Normen in ihrem Leben durchbrochen oder hinterfragt werden könnten. Lieber wollen sie an Altem festhalten, als dass sie bereit sind, sich auf Neues einzustellen.

Häufig ist es für uns auch leichter, einfach sitzen zu bleiben als aufzustehen. Denn das Aufstehen erfordert Mut und Kraft. Wenn ich für jemanden aufstehe, stehe ich zu ihm und trete für ihn ein. Wenn ich zu meiner

Meinung, zu einem Vorschlag, zu einer Idee stehe, setze ich mich dafür ein. Ich selbst habe dafür die Entscheidung getroffen. Ich bin bereit, Verantwortung dafür zu übernehmen. Aber das fällt oft schwer.

Da sehnen wir uns nach dem Engel der Auferstehung, der das Erstarrte in uns wieder zum Leben weckt. Wir hoffen, dass er uns neue Kraft gibt, so dass wir in unserem Leben wieder rege und lebendig werden. Das Urbild der Auferstehung ist der Frühling, in dem die Natur die Erstarrung des Winters wieder aufbricht und neues Leben hervorlockt. So dürfen wir vertrauen, dass der Engel der Auferstehung auch all das Erstarrte in uns zum Leben weckt und das Leben in uns zur Blüte bringt.

*D*u bist ein Engel in meiner Erstarrung. Wenn alles Leben in mir vertrocknet ist, wenn meine Gefühle erstarrt und eingefroren sind, wenn sich in meiner Seele nichts mehr bewegt, dann kommst Du in mein Leben als der Engel der Auferstehung.

*D*u brichst das Erstarrte entzwei und lässt in mir neues Leben aufblühen. Du wälzt den Stein von meinem Grab, den Stein, der mich blockiert und vom Leben abhält. Du gibst mir die Gewissheit, dass es keine Erstarrung gibt, die nicht zu neuem Leben werden kann. Du verwandelst das Grab in einen Ort des Lichtes.

*D*ort, wo die Dämonen in mir hausen, dort, wo die inneren Stimmen mich entwerten, dort, wo lebensmüde Kräfte an mir nagen, trittst Du als Engel der Auferstehung hinein und erfüllst alles mit dem Licht der Hoffnung: Christus ist auferstanden. Er ist nicht mehr im Grab. Lass mich nicht mehr im Grab meiner Hoffnungslosigkeit nach ihm suchen. Lass mich auf zum Himmel schauen. Er ist zum Himmel aufgestiegen. Er ist bei Gott.

*E*ngel der Auferstehung, zeige mir, dass er aber auch bei mir ist, jedoch nicht in meiner Grabkammer, sondern im Himmel, der in mir ist, in dem inneren Raum der Stille, zu dem die Dämonen keinen Zutritt haben.

*D*u zerbrichst die Fesseln, die mich gefangen halten, die Fesseln meiner Angst, die Fesseln meiner Zwänge, die Fesseln, die mir die Meinung der Menschen anlegt.

*D*u bist der der Engel der Auferstehung, der mir verheißt, dass ich frei bin, dass die Menschen mit ihren Urteilen und Beurteilungen mich nicht mehr zu fesseln vermögen. Ich bin mit Christus auferstanden. Ich stehe zu mir. Ich bekomme durch den Auferstandenen neues Stehvermögen.

Du gibst mir Mut und Kraft, Ziele in meinem Leben neu zu setzen, auch für andere aufzustehen und für sie einzutreten. Ich will die Verantwortung für mich nicht länger auf andere abschieben, sondern sie selbst übernehmen. Denn Du zeigst mir, dass ich auf eigenen Füßen stehen kann.

Auferstehung beginnt oft langsam und ganz leise. Durch Dich, guter Engel, fühle ich, wie allmählich Kräfte in mir fließen, die mein Tun und Handeln wandeln und mein Leben verwandeln. Ich bin bereit, für das Leben einzustehen.

Ich spüre die Kraft und die Zusage, die in den Worten Jesu liegt: »Ich bin die Auferstehung und das Leben. Wer an mich glaubt, wird leben, auch wenn er stirbt.« (Johannesevangelium 11,25)

Mir gefallen die Bilder, die die Künstler von der Auferstehung gemalt haben. Keiner hat den Engel vergessen, der da im Grab sitzt und auf das leere Grab weist. Den Engel umgibt immer Licht. Er trägt ein weißes Gewand. Wenn Licht in meine Dunkelheit fällt, Leben in mein Grab, dann vertraue ich, dass Du, der Engel der Auferstehung, bei mir bist und mir Mut machst aufzustehen, hinein in das Leben, das Gott mir zutraut.

Der Engel der Heilung

Du bist ein Engel in meiner Krankheit

Jeder von uns kennt die Krankheit. Auch wenn wir uns guter Gesundheit erfreuen, werden wir von Zeit zu Zeit immer wieder krank. Der eine leidet an der jährlichen Grippe, an Erkältung und Schnupfen. Der andere leidet an Kopfschmerzen oder Migräne. Dann gibt es die Krankheit, die uns aus heiterem Himmel überfällt. Wir waren immer gesund. Jetzt hat eine Krebskrankheit uns heimgesucht. Oder der Kreislauf bricht zusammen. Der Magen rebelliert. Die Leber streikt. Oder wir entdecken auf einmal, dass der Blutdruck zu hoch ist.

Manche Krankheiten sind Mahnungen, bewusster und gesünder zu leben. Andere Krankheiten sind lebensbedrohlich. Sie machen uns Angst. Sie stellen uns vor die Frage, wie lange wir wohl noch leben werden und was wir mit unserem Leben anfangen wollen.

Sobald wir krank werden, versuchen wir, die Krankheit zu deuten. Dabei gibt es viele Deutungen, die uns eher schaden. Eine solche Deutung ist etwa die Deutung, die die Esoterik der Krankheit gibt. Sie sagt: »Du machst dir deine Krankheit selbst.« Sie vermittelt uns, dass wir selbst an unserer Krankheit schuld sind. Doch Schuldgefühle machen uns noch kränker.

Der Schweizer Psychologe und Psychotherapeut Carl Gustav Jung fragt nicht nach den Ursachen der Krankheit, sondern nach ihrem Sinn. Wir sollten die Krankheit durchaus befragen, was sie uns sagen möchte. Die Krankheit fordert uns heraus, alle Bereiche in uns mit neuen Augen anzusehen. Und sie ist ein Appell, das in uns neu zu ordnen, was wir seit Langem vor uns hergeschoben haben. Da sind unsere Gefühle. Wo haben wir bestimmte Gefühle unterdrückt, weil wir Angst hatten, sie offen zu zeigen? Wo haben die unterdrückten Gefühle unseren Geist getrübt? Wo haben wir an uns vorbeigelebt, wo haben wir wesentliche Seiten in uns abgespalten und sind so an uns selbst schuldig geworden? Wo haben wir uns selbst entwertet und verletzt? War ich in Berührung mit meiner inneren Quelle oder habe ich mich von meiner eigenen Mitte abgeschnitten?

Es geht dabei nicht um die Frage, ob all das schuld an meiner Krankheit war. Denn keiner kann sagen, was wirklich die Ursache meiner Krankheit ist. Aber ich soll die Krankheit als Ansporn nehmen, mein Leben neu zu überdenken und es so zu gestalten, dass es meinem Innersten entspricht.

Und ich soll mich in meiner Krankheit Christus hinhalten. Er ist der verwundete Arzt, der meine Krankheit zu heilen vermag. Um meine Krankheit als Herausforderung für meinen spirituellen Weg zu verstehen, brauche ich den Engel, der in meine Krankheit kommt. Er deutet mir meine Krankheit. Aber der Engel der Heilung bringt mich auch in Berührung mit den Selbstheilungskräften meiner Seele.

Ich darf die Krankheit nicht verdrängen, sondern ich muss mich ihr stellen. Ich muss lernen, mit ihr umzugehen. Das kann ich nur, wenn ich mein Kranksein akzeptiere. Erst dann kann Heilung einsetzen. Verletzungen können allmählich abklingen, und ich kann wieder zu Kräften kommen.

Oft gehen wir aus einer Krankheit auch innerlich gestärkt hervor. Durch unsere Erkrankung haben wir Erfahrungen machen müssen, die uns manche Dinge mit anderen Augen sehen lassen. Für vieles werden wir feinfühliger. Weil wir uns in bestimmte Situationen besser einfühlen, können wir auch mit anderen leichter mitfühlen. Wir können so anderen eine Hilfe und Stütze sein.

Die Krankheit lässt nicht einfach von uns ab, sondern sie hinterlässt immer auch ihre Spuren in uns. Wir lernen, mit dem Leben achtsamer umzugehen – wir lernen, anderen, aber auch uns selbst wieder mehr Aufmerksamkeit zu schenken.

Der Engel der Heilung macht alles in mir heil und ganz. Das, was in mir abgespalten ist, bringt er wieder zusammen mit meinem Personkern. Er heilt meine Wunden, die mir das Leben geschlagen hat. Und er führt mich wieder zur Ganzheit, damit ich alles, was in mir ist, annehmen kann, auch das Kranke.

Der Engel der Heilung heiligt alles in mir. Und weil es geheiligt ist, von Gottes Geist durchdrungen ist, gehört es zu mir, spaltet es mich nicht mehr, zerreißt es mich nicht mehr. Nach einem solchen Engel der Heilung, der unsere Zerrissenheit heilt, sehnen wir uns alle in unserer Krankheit.

Du bist ein Engel in meiner Krankheit. Du besuchst mich. Du lässt mich nicht allein. Du hast keine Angst vor meiner Krankheit, in der ich nicht der Starke oder die Starke bin, sondern hilfsbedürftig, hinfällig, schwach. Du bleibst bei mir in meiner Krankheit. Du hältst mich aus in meiner Schwäche. Mit Dir kann ich über meine Krankheit sprechen. Ich kann Dich fragen, was Gott mir mit dieser Krankheit sagen möchte, welche anderen Akzente ich in meinem Leben setzen sollte.

Du lehrst mich, dass ich mich nicht von meiner Stärke, von meinen Erfolgen und meiner Leistung definieren darf, sondern von meinem wahren Wesen her. Und das ist jenseits von Gesundheit und Krankheit. Das ist das, was bleibt, was meinen wahren Personkern ausmacht.

Hilf mir, mich selbst anzuschauen – losgelöst von allen Äußerlichkeiten. Da zeigen sich gute und weniger gute Seiten in mir. Beides muss ich lernen, als einen Teil von mir anzuerkennen. Ich muss lernen, mich selbst zu bejahen – genau so, wie ich bin.

Du bist nicht nur der Engel, der mir meine Krankheit deutet. Du bist auch der Engel der Heilung. Von Dir geht heilende Kraft aus. Du lässt mich die Selbstheilungskräfte, die tief in meinem Inneren liegen, neu spüren.

*I*ch darf die Augen vor meiner Krankheit nicht verschließen. Gib mir die Stärke, meine Erkrankung anzunehmen. So kann ich, auch wenn ich noch Schmerzen spüre, doch neuen Mut finden, wieder am Leben teilzunehmen.

*A*n Deiner Hand darf ich aber auch schwach sein. Von Dir geht Kraft aus, die mich durchströmt, Liebe, die mich wärmt, die heilend wirkt auf meine Krankheit. Du schenkst mir Geduld, sie zu ertragen. Wenn Du bei mir bist, schöpfe ich Hoffnung, dass ich wieder gesund werde, und ich spüre, dass Deine Nähe mir guttut, dass ich wieder in Berührung komme mit meiner Kraft, mit dem, was in mir heil und gesund ist.

*S*o bitte ich, dass Du bei mir bleibst als der Engel der Heilung. In Deiner Nähe darf ich wieder gesund werden. In Deiner Nähe vermag ich auch meine Krankheit zu tragen, wenn sie nicht sofort geheilt wird. Ich weiß dann, dass in mir ein Kern ist, der heil ist und ganz, über den die Krankheit keine Macht hat.

*U*nd so werde ich selbst in meiner Krankheit heil, weil der Engel der Heilung mir das Heilende zeigt, das Gott in mich hineingelegt hat durch Jesus Christus, der mein Licht und mein Heil ist.«Heile mich, Herr, so bin ich heil, hilf mir, so ist mir geholfen.« (Jeremia 17,14)

Der Engel der Stille

Du bist ein Engel in meiner Unruhe

Viele Menschen leiden heute darunter, dass sie ruhelos geworden sind. Sie sehnen sich nach Ruhe, aber sie sind unfähig, ruhig zu werden. Es gibt viele Ursachen für die Ruhelosigkeit. Da sind die vielen Sorgen, die einem die Ruhe rauben, sogar die Nachtruhe. Man kann nicht schlafen, weil man sich Sorgen macht um die Kinder, die psychische Probleme haben, die ganz andere Wege gehen, als man sich das in der Erziehung gedacht hat. Da ist die Sorge um die finanzielle Lage der Familie. Die Arbeitslosigkeit lässt einen nicht mehr ruhig schlafen. Denn wenn die so weitergeht, dann kann der Vater die Familie nicht mehr ernähren, dann kann er das Haus nicht mehr abzahlen.

Da sind die vielen Sorgen, die man sich täglich macht, die Sorge, was die anderen wohl von einem denken, ob man auch alles richtig macht, ob man mit seinem Verhalten auch ja nicht aneckt. Man zergrübelt sich den Kopf darüber, welche Gedanken sich andere über einen selbst machen.

Vor allem Menschen, die eine verantwortliche Stelle innehaben, klagen darüber, dass sie nicht zur Ruhe kommen. Ständig wollen die Menschen etwas von ihnen. Und sie überlegen, ob sie immer richtig reagiert haben, ob die Entscheidungen, die sie getroffen haben, wohl dem Unternehmen dienen oder ob sie in die falsche Richtung weisen. Wenn sie abends heimkommen und sich nach Ruhe sehnen, kommen sie doch nicht zur Ruhe, weil sie einfach nicht abschalten können. Sie fahren in Urlaub und finden keine Ruhe. Ständig plagen sie Gewissensbisse, ob alles, was sie getan haben, wirklich in Ordnung war und welche Folgen es für sie haben könnte. Weil sie innerlich nicht zur Ruhe kommen, nützt ihnen der beste Urlaub nichts. Gestresst und verspannt kehren sie aus den Ferien zurück, und die gleiche Tretmühle geht weiter. Irgendwann einmal brechen sie dann überfordert zusammen.

Andere kommen nie zur Ruhe, weil sie letztlich Angst davor haben, einmal nichts zu tun. Sie haben Angst, in der Stille und in der Ruhe mit der eigenen Wahrheit konfrontiert zu werden. Wenn ich nichts habe, an dem ich mich festhalten kann, dann könnte ja die ganze Enttäuschung über mein Leben hochkommen, dann könnte ich ja entdecken, dass mein Leben gar nicht mehr stimmt, dass mein ganzer Einsatz für die anderen in der Luft hängt. Ich mache nur so weiter, um meiner Verzweiflung aus dem Weg zu gehen. Aber eigentlich glaube ich nicht mehr daran, dass das, was ich tue und was ich lebe, noch einen Sinn hat. Alles ist leer. Vor dieser Leere fliehe ich. Oder mein Gewissen könnte sich zu Wort melden. Schuldgefühle könnten aufsteigen. Davor habe ich Angst.

So laufe ich vor der Stille und vor der Ruhe davon. Das Schlimmste, das mir passieren könnte, wäre, einmal der eigenen Wahrheit begegnen zu müssen. Weil ich das unter allen Umständen vermeiden möchte, muss ich immer etwas tun, mich immer mit etwas beschäftigen. So wird auch die freie Zeit zum Stress. Ich stopfe die Leere auch in der Freizeit zu mit unzähligen Aktivitäten. Solche Menschen, die ihrer Wahrheit ausweichen, sind ständig auf der Flucht vor sich selbst.

Um nicht vor unserer Unruhe zu fliehen, sondern sie auszuhalten und mitten in ihr Ruhe zu finden, brauchen wir einen Engel, der uns Ruhe gibt, den Engel der Stille, der uns mitten in der Hektik stehen bleiben lässt. Stille kommt ja von »stellen, stehen bleiben«. Wenn wir still werden, brauchen wir Gott, der unsere Seele stillt, so wie die Mutter ihr Kind stillt.

Der Engel der Stille will uns befähigen, still zu werden und von Gottes Liebe gestillt zu werden. Der Engel der Stille führt uns in den Raum der Stille, der unserer Seele guttut. Wenn wir in einen Raum der Stille treten, dann hüllt uns diese Stille ein wie ein schützender Mantel. Er schützt uns vor dem inneren Lärm unserer Gedanken und vor der Zudringlichkeit der Menschen um uns herum.

In der Stille bleiben wir stehen, da kommen wir zur Ruhe, da können wir die Ruhe genießen, die Gott uns als Sabbatruhe verheißen hat, als Ruhe, in der wir voller Dankbarkeit sagen können: Es ist alles gut. Der Engel

der Stille möchte uns in diese Ruhe einfüh-
ren, in der unsere unruhige Seele zu Frieden
und innerer Ausgeglichenheit findet.

*Du bist ein Engel in meiner Unruhe. Du läufst
nicht vor mir davon, auch wenn ich ständig auf
der Flucht bin vor mir. Weil Du bei mir bleibst
in meiner Unruhe, zeigst Du mir den Grund
für meine Unruhe auf. Du lässt Dich nicht damit abspeisen, dass ich gerade so viel zu tun habe. Du bleibst einfach stehen, schaust mich an
und fragst mich, ob ich das denn selbst wirklich
glaube.*

*Deine Ruhe, mit der Du es einfach bei mir
aushältst, zwingt mich, den wirklichen Grund
meiner Unruhe zu erforschen. Und da stoße ich
auf meine Schuldgefühle, vor denen ich davon-
laufe. Da stoße ich auf unerledigte Dinge, die ich
in meinem Innern endlich in Ordnung bringen*

sollte, den Konflikt mit dem Kollegen, die übersprungene Trauer, dass es mit der Freundschaft nicht so geht, wie ich mir das vorgestellt habe, das Gefühl, dass mein Leben momentan nicht stimmig ist.

Du lässt nicht locker und wartest, bis ich mich der eigenen Wahrheit stelle. In Deiner Nähe wage ich es, meinen verdrängten Gefühlen und meinen unerledigten Aufgaben gegenüberzutreten. Denn Du verurteilst mich nicht. Du bleibst einfach bei mir und wartest, bis ich meine Aufgaben angehe und dann vor Dir langsam ruhig werde.

Wenn Unruhe und Hetze von mir Besitz ergreifen, merke ich manchmal, wie ich vieles um mich herum gar nicht mehr wahrnehme. Ich höre nicht mehr hin, ich überhöre es. Dann hältst du, Engel der Stille, mich fest und zeigst mir, wie ich auch die leisen Töne im Leben hören und ihre Schönheit entdecken kann.

*D*u gibst mir Zeit für Ruhe und Stille. Ich kann innehalten und Atem holen und muss mich nicht länger durch mein Leben treiben lassen. Bei Dir kann ich loslassen, in Dir kann ich ruhig werden. So hilfst Du mir, den vielen Anforderungen, die der Alltag mit sich bringt, besser standzuhalten. Ich lerne, mein Leben mit etwas mehr Gelassenheit zu nehmen.

*D*u bist der Engel der Stille. Von Dir geht Stille aus. Da vermag ich auch still zu werden. Du begegnest mir in Räumen der Stille, die so still sind, dass sich ihre Stille um mich ausbreitet und mich durchdringt. Du begegnest mir in der Musik, die mich in die Stille führt. Du begegnest mir in Menschen, die still geworden sind und um sich herum Stille verströmen. Du führst mich in meinen inneren Raum der Stille.

*W*enn Du zu mir kommst, bleibe ich stehen und werde still. Du stillst mich mit deiner Liebe.

In der Stille klärt sich all das Trübe in mir, meine verschmutzten Emotionen werden klar, mein verwirrtes Denken wird entwirrt. Ich kann wieder klar sehen. Und ich spüre: »Bei Gott allein kommt meine Seele zur Ruhe, von ihm kommt mir Hilfe.« (Psalm 62,2)

Ich brauche Dich, den Engel der Stille, damit ich selbst still werden kann und in dieser Stille das Geheimnis Gottes erahne, das mich umgibt. Du bist der Bote des Gottes, der nur in der Stille als die geheimnisvolle Liebe erfahren werden kann. So hat es Elija erfahren. So darf ich es erleben, wenn Du meinen inneren Lärm zum Schweigen bringst und mich öffnest für den Gott der Stille, dessen Stille mich heilend umgibt.

Der Engel der Liebe

Du bist ein Engel in meiner Einsamkeit

Der deutsche Dichter Hermann Hesse sagt in einem Gedicht: »Leben ist Einsamsein. Kein Mensch kennt den andern, jeder ist allein.« Viele Menschen fühlen sich einsam. Sie klagen, dass sie isoliert sind, ausgeschlossen aus dem Kreis der Fröhlichen, ausgeschlossen aus dem Klub der Gesunden. Sie fühlen sich allein. Die deutsche Sprache unterscheidet zwischen Vereinsamung und Einsamkeit. Der Mensch leidet an der Vereinsamung. Er fühlt sich nicht mehr geborgen in einer menschlichen Gruppe.

Das deutsche Wort »einsam« hat ursprünglich eine positive Bedeutung. Es ist zusammengesetzt aus »ein« und »sam«. »Ein« bezeichnet nicht nur den Menschen, der allein ist, der nur einer unter vielen ist, sondern auch den, der mit sich eins ist. Und »sam« kommt von »sammeln«. Einsam ist also eigentlich der, der das Eine in sich versammelt, der alles in sich vereinigt, was in ihm ist. Er fühlt sich als dieser einzigartige Mensch und fühlt sich doch mit allen verbunden. Und er fühlt sich mit sich selbst und den verschiedenen Kräften in sich verbunden.

Ähnlich kann man das Wort »allein« deuten. Manche jammern, dass sie so allein sind. Doch Peter Schellenbaum meint, es sei doch wunderbar, »all-ein« zu sein, mit allen Menschen und mit allem, was ist, eins zu sein. Es kommt nur darauf an, wie ich mit meiner Einsamkeit umgehe.

Der evangelische Theologe Paul Tillich meint, Religion sei das, was jeder mit seiner Einsamkeit anfängt. Die Einsamkeit gehört wesentlich zum Menschen. Es kommt nur darauf an, dass der Mensch seine Einsamkeit akzeptiert. Dann wird sie zum Segen für ihn. So hat es schon Friedrich Nietzsche ausgedrückt: »Wer die letzte Einsamkeit kennt, kennt die letzten Dinge.«

Die Einsamkeit möchte uns hineinführen in das Geheimnis des Seins, in den Zusammenhang mit allem, was ist. Und sie möchte uns auf das Eine verweisen, das uns im Grund unserer Seele vereint, das uns eins sein lässt mit allen und allem. Der Engel der Liebe, den Gott in meine Einsamkeit schickt, möchte meine Einsamkeit, an der ich leide, verwandeln in eine Einsamkeit, die mich mit allem vereint, was ist.

Der Engel der Liebe verheißt mir, dass ich auch dann, wenn ich mich allein fühle, von Liebe erfüllt bin. Denn die Liebe, die ich von Menschen erfahren habe, verweist mich auf die Quelle der Liebe, die in mir strömt. Es ist letztlich eine göttliche Quelle, die nie versiegt. Von dieser Quelle der Liebe, die immer in mir ist, selbst wenn ich mich gerade von Menschen nicht geliebt fühle, heißt es: »Gott ist Liebe, und wer in der Liebe bleibt, bleibt in Gott, und Gott bleibt in ihm.« (Erster Johannesbrief 4,16)

Diese Liebe ist eine Gabe Gottes. Alles, was wir tun, gewinnt erst durch sie an Tiefe und Tragkraft. Erst wenn wir aus tiefstem Herzen geben, geben wir wirklich. Wir handeln dann nicht, weil es von uns erwartet oder verlangt wird oder aber weil wir uns selbst damit besonders hervorheben wollen, sondern weil wir es ehrlich meinen. Wir tun es aus Liebe.

Der Engel der Liebe bringt mich in Berührung mit dieser göttlichen Quelle der Liebe auf dem Grund meiner Seele.

*D*u bist ein Engel in meiner Einsamkeit. Wenn ich Deine Nähe spüre, kann ich meine Einsamkeit aushalten. Dann erahne ich, dass Einsamkeit auch etwas Gutes an sich hat. So sagt es uns schon die Sprache. Denn ein-sam meint: Mit dem Einen übereinstimmen, mit dem Einen zusammenhängen. Das Eine ist das, was mich vereinigt, was die verschiedenen Kräfte in mir zu einer Kraft verbindet.

*W*enn Du in meine Einsamkeit trittst, dann erlebe ich, dass ich nicht allein gelassen bin, sondern mit allem eins bin, mit Gott, mit mir selbst, mit der Schöpfung und mit allen Menschen. In Deiner Nähe kann ich meine Einsamkeit aushalten.

*S*chmerzlich wird für mich das Gefühl der Einsamkeit, wenn ich mich allein gelassen fühle, wenn ich meine, keiner würde mich lieben, keiner würde sich um mich kümmern, ich sei nicht wichtig für die Menschen und deshalb ließen sie mich allein sitzen.

Du bist der Engel der Liebe, der in meine Einsamkeit tritt. Ich durfte Dich als den Engel der Liebe schon in Menschen erfahren, die in meine Einsamkeit vorgedrungen sind und mir gezeigt haben, dass sie mich lieben. In dem Bewusstsein, geliebt zu sein, konnte ich meine Einsamkeit immer besser ertragen. Denn ich wusste, ich bin nicht völlig allein. Die Liebe dieses Menschen gilt mir. Und sie kann auch die räumliche Distanz überwinden. Sie reicht in meine Einsamkeit hinein.

Aber auch wenn ich das Gefühl habe, dass die Menschen, die mir am Herzen liegen, mich nicht so lieben wie ich sie, oder dass meine Liebe unbeantwortet bleibt, bist Du als der Engel der Liebe bei mir. Und Du zeigst mir, dass in mir eine Liebe ist, die unabhängig ist von der Liebe der Menschen. Auf dem Grund meiner Seele strömt eine Quelle der Liebe, die nie versiegt, weil sie teilhat an der göttlichen Liebe, die unendlich ist. Du bringst mich in Berührung mit dieser Liebe.

Durch all die erfüllenden und enttäuschenden Erfahrungen, die ich mit der Liebe gemacht habe, willst Du mich zu der Liebe in mir führen, die jenseits dieser Erfahrungen liegt.

Diese Liebe ist kein Gefühl, das wieder vergeht. Sie ist eine Qualität des Seins. Sie ist unabhängig von den Beziehungen, die ich gerade habe, unabhängig von der Liebe, die ich gerade von Menschen empfange und die ich für sie empfinde. Diese Liebe wird durch die Erfahrungen der Liebe zu anderen Menschen geweckt, so dass sie auch ins Bewusstsein tritt. Aber sie ist immer da.

Du lässt mich spüren, dass diese Liebe, die Gott selbst in uns gelegt hat, tiefer und weiter geht als alles andere in meinem Leben. Im ersten Brief des Paulus an die Korinther lese ich: »Die Liebe ist langmütig, die Liebe ist gütig. Sie eifert sich nicht, sie prahlt nicht, sie bläht sich nicht auf. (…) Sie erträgt alles, glaubt alles, hofft alles, hält allem stand. Die Liebe hört niemals auf.« (Erster Korintherbrief 13,4.7–8)

Der Engel der Liebe, Du willst mir zeigen, dass ich dieser Liebe trauen kann. Dass diese Liebe mir gehört und sie mir niemand nehmen kann. Keine Enttäuschung in der Liebe kann mich von dieser Quelle der Liebe abschneiden. Engel der Liebe, Du führst mich in den Grund meiner Seele, in dem diese Liebe strömt und in dem ich erfahren darf, dass ich als diese einmalige Person von Gott bedingungslos geliebt bin.

Der Engel der Freude

Du bist ein Engel in meiner Enttäuschung

Enttäuschung kennt jeder in seinem Leben. Wir sind enttäuscht von Menschen, auf die wir unsere Hoffnung gesetzt haben. Wir haben ihnen viel Liebe geschenkt. Doch sie haben sich von uns abgewandt. Wir sind enttäuscht, dass sie uns unseren Einsatz für sie nicht danken. Der Lehrer hat viel Liebe in seine Schüler investiert. Doch die Schüler gehen andere Wege. Eltern haben sich für die Kinder aufgeopfert, sich für sie hingegeben. Doch die Kinder entwickeln sich anders, als sie erwartet haben. Menschen enttäuschen uns.

Oft sind wir auch von uns selbst enttäuscht. Wir wollten gute Menschen werden. Doch dann entdecken wir unsere Schattenseiten.

Wir haben in uns auch weniger gute Seiten. Wir wollten einen spirituellen Weg gehen. Doch dann erleben wir, dass ganz andere Kräfte uns bestimmen, die Angst vor dem Versagen oder die Angst vor anderen Menschen. Wir sind enttäuscht, dass der Glaube so wenig trägt, dass der spirituelle Weg uns nicht wirklich verwandelt hat. Wir waren uns sicher, dass wir nie lügen werden, dass wir dem anderen immer die Treue halten. Dann geraten wir aber doch in eine Lüge und werden untreu. Wir sind enttäuscht und können es uns kaum verzeihen, dass wir so gehandelt haben.

Das deutsche Wort »enttäuschen« wird erst nach 1800 als Ersatz für das französische Fremdwort »desabusieren« verwendet. Es meint eigentlich: aus einer Täuschung herausreißen. Doch normalerweise gebrauchen wir dieses Wort mehr im negativen Sinn: Enttäuschung entsteht da, wo unsere guten

Erwartungen in einen Menschen, in das Leben, in uns selbst zerstört werden.

Enttäuschung hat letztlich immer mit den Bildern zu tun, die wir uns von Menschen, unserem Leben und von uns selbst gemacht haben. Weil unsere Bilder sich nicht bewahrheiten, sind wir enttäuscht. Der Sinn ist, dass wir uns von falschen Bildern befreien und einen neuen Blick werfen auf die Mitmenschen, auf uns selbst und auf die Erwartungen, die wir an unser Leben stellen.

Damit wir nicht in unserer Enttäuschung bitter werden und resigniert, bedarf es des Engels der Freude, der uns unsere Enttäuschung in einem anderen Licht betrachten lässt. Er zeigt uns die Täuschung auf, von der wir uns blenden ließen. Und er möchte unser Herz, das sich in der Enttäuschung zuzieht, wieder öffnen, indem er uns mit Freude erfüllt, indem er das Herz weitet. Nur das weite Herz kann mit Enttäuschungen angemessen umgehen. Es lässt sich auch in der Enttäuschung nicht von der Freude abbringen. Die Freude verwandelt die Enttäuschung in ein Freiwerden von Täuschungen und in ein dankbares Bejahen der Bilder, die Gott sich von uns gemacht hat.

Es hilft mir wenig, wenn mich jemand auffordert: »Freu dich doch! Es gibt doch genug Gründe zur Freude.« Zur Freude kann man mich nicht drängen. Ich bedarf des Engels der Freude, der mich in Berührung bringt mit der Freude, die auf dem Grund meiner Seele auch als Möglichkeit bereitliegt.

Für mich war so ein Engel der Freude das Wort Jesu, das mich einmal sehr getroffen hat: »Dies habe ich zu euch gesagt, damit meine Freude in euch ist und damit eure Freude angefüllt werde.« (Johannesevangelium 15,11)

Jesus hat so gesprochen, dass seine Freude sich mit meiner Freude vermischt hat. Seine Worte haben die Freude in mir angerührt, die unterhalb meines Ärgers und meiner Traurigkeit in meiner Seele fließt. Sie ist immer in mir. Aber manchmal ist sie fast am Versickern, weil ich von ihr abgeschnitten bin, weil sich zu viel Traurigkeit darübergelegt hat.

Jesu Worte füllen den immer kleiner werdenden Strom der Freude in mir auf mit seiner unendlichen Freude. So steigt die Freude in mir hoch und durchdringt auch mein Bewusstsein. Als mir der Sinn von Jesu Worten aufgegangen ist, hatte ich das Gefühl, dass der Engel der Freude mich berührt hat.

Gottes Engel bewahrt mich davor, in meinem Ärger und in meiner Enttäuschung stecken zu bleiben. Auch wenn alles um mich herum dunkel erscheint, schenkt er mir immer wieder Momente, in denen ich plötzlich Freude empfinden kann und die mir über eine schwierige Situation hinweghelfen. Das bewusste Erleben der Natur, ein angenehmer Duft, den wir plötzlich wahrnehmen, können unsere Stimmung heben. Wir hören eine schöne Musik, wir lassen uns von den Worten eines Gedichts anrühren, oder aber wir versenken uns in ein schönes Bild. Dann verspüren wir mit einem Mal ein Gefühl der Freude, das wir uns selbst zunächst gar nicht erklären können. Aber das Herz wird uns wieder leichter.

Du bist ein Engel in meiner Enttäuschung. Wenn ich von Menschen enttäuscht werde, wenn sie mein Vertrauen enttäuschen, dann tut das weh. Und ich gerate in Gefahr, bitter zu werden und misstrauisch den Menschen gegenüber. Oft bin ich über mich selbst enttäuscht. Ich erfülle meine eigenen Erwartungen nicht. Ich bin so anders, als ich eigentlich sein möchte.

*A*ls der Engel der Ent-Täuschung möchtest Du mir zeigen, dass ich aus einer Täuschung herausgerissen werde. Enttäuschung ist also durchaus etwas Positives. Eine Täuschung wird aufgehoben, und ich werde in die Wahrheit hineingehoben. Aber es tut trotzdem weh, die Enttäuschung anzunehmen. Denn die Täuschung, mit der ich gelebt habe, hat mir gutgetan. Ich hatte meine Illusionen vom Leben. Mit diesen Illusionen lebte es sich leichter als mit der Wahrheit.

*D*u bist der Engel der Freude, der in meine Enttäuschung eintritt. Du hältst mir die Wahrheit vor Augen. Du bewahrst mich davor, in meiner Enttäuschung zu resignieren, traurig oder hart zu werden. Du wandelst meine bitteren Gefühle in Freude. Du forderst mich nicht einfach auf, mich zu freuen. Vielmehr bringst Du Freude in meine Bitterkeit und Härte. Du strahlst Freude aus. In Deiner Nähe komme ich in Berührung mit der Freude, die unterhalb meiner Enttäuschungen in meiner Seele ruht.

*J*esus geht davon aus, dass in uns eine Quelle der Freude ist, die oft genug aber versiegt ist. Durch Dich, den Engel der Freude, wird unsere Freude angefüllt und angereichert, dass sie wieder zu fließen beginnt und vollkommen wird. So vertraue ich darauf, dass Du mich mit dieser inneren Freude in Berührung bringst. Dann werde ich durch die Enttäuschung nicht hart und abweisend, sondern aufgebrochen für die innere Freude, für die vollkommene Freude, von der Jesus sagt, dass sie uns nie genommen werden wird. »Ich werde euch wiedersehen; dann wird euer Herz sich freuen, und niemand nimmt euch eure Freude.« (Johannesevangelium 16,22)

*D*urch Dich entdecke ich die Fähigkeit zur Freude, die Gott uns geschenkt hat. Ich freue mich über etwas und kann diese Freude mit anderen teilen. Ich kann mich aber auch mit anderen freuen. Mein Leben wird durch die Freude schöner und leichter.

*S*o vertraue ich auf Dich, den Engel der Freude, dass Du bei mir bist, wenn Bilder, die ich mir von mir und anderen gemacht habe, zerstört werden, wenn Lebensträume zerplatzen und meine Welt ins Wanken gerät. Zeige mir, dass unterhalb all dieser Enttäuschungen, die ich in meinem Leben erlebt habe, immer auch ein Strom der Freude ist. Lass diesen Strom in mir anschwellen, damit mein Herz sich weitet und ich mich mit Dir freuen kann und andere mit meiner Freude anzustecken vermag.

Schlussgedanken

Es gibt viele Momente, in die Gott seinen Engel zu Dir schickt, um Dir eine neue Sichtmöglichkeit für Deine Situation zu vermitteln und um Deine Situation selbst zu verwandeln. Und es gibt auch mehr Engel als die, die ich in diesem kleinen Buch aufgezählt habe. Gott schickt immer den Engel, den wir gerade brauchen, um jetzt in diesem Augenblick anders leben zu können.

Der Engel, den Gott zu uns schickt, verwandelt unsere Gefühle, verwandelt unsere Sichtweise, verwandelt unser Herz. Und dadurch verwandelt der Engel auch die äußere Situation, in der wir stecken. Der Engel, den Gott als Boten zu uns sendet, bringt uns in Berührung mit dem Potenzial an Kräften und Gefühlen, das in unserer Seele bereitliegt.

Wir erleben die Situationen unseres Alltags oft so schmerzlich, so traurig, so angstvoll und verzweifelt, weil wir abgeschnitten sind von diesen inneren Möglichkeiten unserer Seele. Wir haben den Eindruck, dass wir nur noch aus Angst, Verzweiflung und Hoffnungslosigkeit bestehen. Der Engel führt uns in den Grund der Seele, in dem unterhalb der Angst Vertrauen in uns bereitliegt, unterhalb der Enttäuschung Freude, unterhalb der Verzweiflung Hoffnung.

Auf unserem Weg durchs Leben ist Gottes Engel uns immer ein treuer Begleiter. Er schützt und behütet uns. Er erinnert uns daran, dass Gott uns nicht verlässt. Seine Liebe hält und trägt uns. Bei ihm dürfen wir uns geborgen fühlen. Alle Ängste, Nöte und Sorgen, die uns bedrücken, dürfen wir bei ihm loslassen. Durch seinen Engel schenkt uns Gott Mut und Zuversicht. Wenn wir meinen, mit unserer Kraft am Ende zu sein, richtet uns Gottes Liebe wieder auf.

In Momenten der Dunkelheit zeigt uns der Engel Gottes, wohin wir gehen sollen. Er ist uns Wegweiser, wenn wir die Richtung verloren haben. Wenn wir stolpern oder fallen, fängt er uns auf. Er hilft uns, dass unsere Schritte wieder fest und sicher werden. Er steht fest an unserer Seite.

Das Vertrauen, dass Gott für jede Stimmung und für jede Notlage einen Engel bereithält, um ihn zu uns zu senden, gibt uns die Gewissheit, dass unser Leben gelingt, dass es keine ausweglose Situation für uns gibt. Alles kann verwandelt werden. Gottes Engel führen uns immer wieder in neue Bereiche unserer Seele hinein, um von dort aus die Situation anders zu bewältigen.

So ist der Glaube an die Engel, die Gott uns sendet, ein Glaube voller Hoffnung. Und es ist ein menschenfreundlicher und zuversichtlicher Glaube. Wir sind in keiner Situation allein gelassen. Immer und überall sieht Gott auf uns. Und wenn wir ihn darum bitten – oder auch wenn er es selbst für nötig hält –, dann schickt er uns den Engel, den wir brauchen, damit unser Leben gelingt.